U0129474

RESEARCH CENTRE FOR CHINESE
PHILOSOPHY AND CULTURE, CUHK

中国哲学与文化

THE JOURNAL OF CHINESE PHILOSOPHY AND CULTURE

第二十一辑
NO.21

佛学与中国哲学之交涉

Interaction between Buddhism and Chinese Philosophy

郑宗义　主编
Editor　Cheng Chung-yi

上海古籍出版社
Shanghai Chinese Classics Publishing House

中国哲学与文化
THE JOURNAL OF CHINESE PHILOSOPHY AND CULTURE

学术顾问 Academic Advisory Board（按中文姓氏笔画排列）
余英时（Yu Ying-shih） 杜维明（Tu Wei-ming） Donald J. Munro（孟旦）

主编 Editor
郑宗义（Cheng Chung-yi）

副主编 Associate Editor
姚治华（Yao Zhihua）

编辑委员会 Members of Editorial Committee（按中文姓氏笔画排列）

王德有（Wang Deyou）	Chris Fraser（方克涛）	Rudolf G. Wagner（瓦格纳）
冯耀明（Fung Yiu-ming）	Philip J. Ivanhoe（艾文贺）	Stephen C. Angle（安靖如）
朱鸿林（Chu Hung-lam）	庄锦章（Chong Kim-chong）	刘笑敢（Liu Xiaogan）
李明辉（Lee Ming-huei）	李晨阳（Li Chenyang）	杨儒宾（Yang Rur-bin）
陈 来（Chen Lai）	陈少明（Chen Shaoming）	林镇国（Lin Chen-kuo）
信广来（Shun Kwong-loi）	黄慧英（Wong Wai-ying）	颜世安（Yan Shi'an）

执行编辑 Executive Editor
曾诵诗（Esther Tsang）

编务 Editorial Assistant
余盈慧（Ada Yu）

通讯编辑 Corresponding Editors（按中文姓氏笔画排列）
陶乃韩（Tao Naihan） 梁 涛（Liang Tao）

主办
香港中文大学哲学系中国哲学与文化研究中心
Research Centre for Chinese Philosophy and Culture
Department of Philosophy, The Chinese University of Hong Kong

地址
香港新界沙田香港中文大学冯景禧楼G26B室
Room G26B, Fung King Hey Building
The Chinese University of Hong Kong, Shatin, N.T., Hong Kong
电话 Tel: 852-3943-8524
传真 Fax: 852-2603-7854
电邮 E-mail: rccpc@cuhk.edu.hk
网址 Website: http://phil.arts.cuhk.edu.hk/rccpc

—目录—

"依托施设"与"假名"

姚治华*

内容提要： 在《空与假：以〈中论颂〉第 24 品第 18 颂为中心》①一文中，我集中讨论了龙树的"依托施设"（prajñaptir upādāya）概念，主要依据相关的印度注释，试图从不同的角度来解释这一概念。本文则侧重讨论汉译传统如何理解和解释这一概念。鸠摩罗什很早就把它译为"假名"，此译名影响深远。如果这里的"名"对应于"施设"（prajñapti），那么"假"对应于"依托"（upādāya）吗？但后来常见的"假"似乎又更多是对译"名"（prajñapti）。那么，作为"名"的"假"是有呢？抑或是无？"假"在中国佛学乃至中国哲学中都是非常重要的概念，但对它的讨论却非常之少。本文将以梵、藏、汉对译为基础，对鸠摩罗什汉译文献中的"假名"及相关概念展开讨论。

关键词： 依托施设，假名，鸠摩罗什，假名有，龙树

一、"依托施设"

我之前的研究重点处理了龙树《中论颂》第 24 品第 18 颂中的短语"依托施设"（prajñaptir upādāya），先依据清辨的思想，把它解释为"假有"（prajñaptisat）。但如此一来，如何释读此颂会有问题。此短语之前的阴性指示代词 sā 究竟指代什么？如果依照月称及后世的主流理解，sā 指的是前半颂中同为阴性的 śūnyatā（空性），那怎么能说"空性是假有"呢？空性如果是有，也应该是胜义有，而不是假有。当然，另一个可能性是，sā 实际指前半颂中的阳性名词 pratītyasamutpāda（缘起）而与此词前的不定代词 yaḥ 相呼应，sā 为阴性是受其后的阴性表语 prajñaptir 所影响。汉译安慧注《大乘中观释论》

---

* 香港中文大学哲学系教授。（电邮：zyao@ cuhk.edu.hk）
① 刊于《哲学分析》2021 年第 3 期，页 4—26。

代表了这一解释传统,此译本把此部分颂文"sā prajñaptir upādāya"译为"缘亦是假名"②,其中的代词 sā 被明确译解为"缘",即"缘起"（pratītyasamutpāda）。说"缘起是假有"虽然也有问题,但似乎通顺了许多,而这也是汉传佛教自天台宗以降用空、假、中三谛的角度来释读此颂时的基本思路。空、假和中都在说明它们共同的对象,即"缘起"或鸠摩罗什译文中的"众因缘生法"③。注意这里鸠摩罗什的译文似乎故意混淆了在汉译传统中较为严格地区分的"缘起"（pratītyasamutpāda）与"缘生法"（pratītyasamutpanna）。龙树在此颂讨论的是"缘起",而不是鸠摩罗什译文中所说的"缘生法"。前者与"空性"和"中道"一起为龙树所皈敬,而后者被龙树着力破斥。

另一条思路是把"依托施设"理解为鸠摩罗什译文中所说的"假名"。事实上,这是我们目前所见几种汉译的共同策略,如鸠摩罗什所译青目注《中论》以及传为龙树著的《大智度论》、惟净和法护等译安慧注《大乘中观释论》都译为"假名",而波罗颇蜜多罗译清辨注《般若灯论释》则译为类似的"假名字"。关于这一解释传统,我在正文中更多引述了《中论颂》佛护注中的相关解释。他把"依托施设"作为一个重要概念,比其他几位注释者更为细致地讨论了这一概念。他的基本观点是把"依托施设"理解为名言,在他看来,作者、业、果报、受者、烦恼、身,以及更重要的轮回等,都是由名言的"有观待的施设"（ltos pa can du gdags pa, sāpekṣā prajñapti）而成立。这样的理解更接近于"施设"（prajñapti）的本意,即说"我"等是名言或施设,是在说它不存在,是"假而无",而不是"假而有"。如果没有说一切有部所发展确立的多层存有论,说"假而有"是自相矛盾的。佛护注中保留了没有受到说一切有部假有观念影响的"施设"概念,而上述几位注译者——包括清辨、安慧和鸠摩罗什——则都与说一切有部系关系密切而可能受其影响。据我推测,佛护可能更多受到了大众部系尤其是说假部的影响,特别是他的"有观待的施设"应该与说假部的"相互施设"（*anyonya-prajñapti）有关。佛护所代表的解释思路,被月称等

---

② CBETA 2021.Q4, K41, no. 1482, p. 164a23,汉译佛教文献皆引自 CBETA,见 https://cbetaonline.dila.edu.tw/zh/。

③ CBETA 2021.Q4, T30, no. 1564, p. 33b11.

后代中观论者进一步发挥,在当代中观学者中影响很大。其"一切唯名言"的立场,催生了 Mark Siderits 和 Jay Garfield 所主张的"语义学解释"(semantic interpretation)④。近年来叶少勇在一系列论文中所提倡的"认识论虚无主义"的解释路线,也是较为忠实地阐发了佛护的这一注释传统。

但是,佛护的解读同样面临难题。首先,龙树在这里说的是"依托施设"(upādāya-prajñapti),而不是"相互施设"(*anyonya-prajñapti);另外,龙树本人在《中论颂》第 10 品讨论火与燃料关系的语境下,明确破斥了事物之间的相互观待关系。因此,我进一步追溯到说一切有部系和大众部系之外的犊子部系,发现在犊子部系仅有的少量传世文献中,"依托施设"是一个重要概念。在古汉语译文中,它通常被译作"依说""受教授"和"受施设"等。在犊子部系的专有用法中,"依托施设"是补特伽罗(pudgala)的三种施设方式之一,因而与它有同等重要的地位。他们通常以火和燃料之间的关系来说明补特伽罗与诸蕴间不一不异的关系。补特伽罗是一个施设或概念(prajñapti),但它依托于(upādāya)存在的诸蕴,因而不是不存在的唯施设或唯名言(prajñaptimātra),而是与诸蕴不一不异,进而被界定为"不可说"。犊子部把一切法分为"五藏",即过去、现在、未来、无为法和不可说藏。这"不可说藏"的概念显然也影响了般若、中观传统,因为"空性不可说"等表述在各种《般若经》中常见到⑤。而龙树在《中论颂》第 24 品第 18 颂中说"此[空性]是依托施设",其最合理的解释就是"空性"如同作为依托施设的补特伽罗一样不可言说。

在之前的研究中,我虽然曾引用此颂的各种不同汉译,但没有对

---

④ 严格说来,语义学解释因其承认世俗有,更多是继承月称的立场。而月称在此点上又是创造性地综合了佛护和清辨两个对立的解释,所以我们只是说佛护的立场"催生"了语义学解释,而没有把两者等同。

⑤ 匿名审稿人认为以上见解主张犊子部的"不可说藏"概念影响了般若、中观传统"恐怕很牵强",还主张犊子部的"不可说"是弱意义的,而般若、中观传统的"空性不可说"是强意义的,进而推测般若、中观在此点上可能受到初期佛教"涅槃不可说"观念的影响,甚至受到某些初期《奥义书》"梵不可说"观念的影响。我主张龙树熟悉初期佛教和初期《奥义书》,也同样或更为熟悉其论敌之一的犊子部。犊子部的"不可说藏"当然是基于所谓"弱意义"的不可说,但它作为"五藏"之一则是"强意义"的,因为它被赋予独立的形上学地位,甚至更强于描述性的"空性不可说"。

其进行深入讨论。本文将集中于较早的译者鸠摩罗什，探讨他所传译的青目注《中论》是如何译解"依托施设"（prajñaptir upādāya）及相关的"施设"（prajñapti）概念。就其所采用的译名"假名"而言，他的理解似乎接近佛护"施设而无"或"假而无"的立场。但我们会看到，他在更多的地方表露了"施设而有"或"假而有"的立场，所以他的"假名"是"假名有"。

二、译解 prajñapti 及相关词语

此节先讨论鸠摩罗什所译《中论》的颂文部分，即龙树所著《中论颂》。此论著有梵文本和藏文译本，而且还有三种汉译本，即鸠摩罗什所译青目注《中论》、惟净和法护等译安慧注《大乘中观释论》和波罗颇蜜多罗译清辨注《般若灯论释》。我们在讨论相关译名时，都会比对这几种译本。

首先是上文已经讨论的短语 prajñaptir upādāya，它仅出现于《中论颂》第 24 品第 18 颂，但此颂被认为是此论著乃至整个中观传统中最重要的一段话：

yaḥ pratītyasamutpādaḥ śūnyatāṃ tāṃ pracakṣmahe |

sā prajñaptir upādāya pratipat saiva madhyamā ‖ MMK 24.18

rten cing 'brel 'byung gang yin pa ‖ de ni stong pa nyid du bshad ‖

de ni brten nas gdags pa ste ‖ de nyid dbu ma'i lam yin no ‖

《中论》：众因缘生法，我说即是无，亦为是假名，亦是中道义。

《大智度论》：因缘生法，是名空相，亦名假名，亦名中道。

《般若灯论释》：从众缘生法，我说即是空，但为假名字，亦是中道义。

《大乘中观释论》：若从因缘生，诸法即无体，缘亦是假名，非一异可有。⑥

拙译：我们主张那缘起就是此空性，此［空性］是依托施设，此［空性］即是中道。

此颂中的短语 prajñaptir upādāya 等同于复合词 upādāya-prajñaptir，证据见于月称《明句论》中的注释⑦。藏译为 brten nas gdags pa（依托施设），我也主张译为"依托施设"。鸠摩罗什在《中论》中译为"假名"，在《大智度论》所引用的该颂中也译为"假名"。《般若灯论释》译为"假名字"，《大乘中观释论》为"假名"。如果这里的"名"或"名字"对应于"施设"（prajñapti），那么"假"对应于"依托"（upādāya）吗？就"假"在先秦文献中常见的含义而言，它确实更多时候意味着"借助"或"依托"。叶少勇把此短句译为"此即假托而施设"，也似乎是以"假托"对应 upādāya，以"施设"对译 prajñapti⑧。

在《中论颂》中，upādāya 还曾出现在第 22 品第 2 颂中，此处鸠摩罗什可能把它译为"合"，但也可以理解为他并未译出此词。在第 22 品第 5 颂中，加有否定前缀的 anupādāya 被译为"不因"，其变形 upādadyād 译为"受"，而颂尾的 upādāya 则未译出。在第 22 品第 6 颂中，其否定形式 anupādāya 译为"不受"，动词变形 upādāsyate 译为"受"。在第 25 品第 6 颂中，其否定形式 anupādāya 译为"无受""不从受"，在第 8 颂中则译为"不受"。在第 25 品第 9 颂中，upādāya 译为"受"，anupādāya 译为"不受"。在第 25 品第 12 颂中，upādāya 同样译为"受"，而 anupādāya 译为"无受"。最后，出现在第 27 品第 30 颂的 upādāya 则未译出。我们看到，鸠摩罗什没有把任何一处的 upādāya 译为"假"，因此出现在第 24 品第 18 颂中的 upādāya 应该属于未译出的情形，鸠摩罗什和后代《般若灯论释》以及《大乘中观释论》的译者们都略去此处的 upādāya，这说明他们对"依托施设"这一

---

⑥ 《中论颂》梵、藏文引自叶少勇：《中论颂：梵藏汉合校·导读·译注》（上海：中西书局，2011），几种汉译皆引自 CBETA，出处不一一标明。

⑦ 详见姚治华：《空与寓：以〈中论颂〉第 24 品第 18 颂为中心》，页 11—13。

⑧ 叶少勇：《中论颂：梵藏汉合校·导读·译注》，页 427。

重要概念可能已经非常生疏。

鸠摩罗什以"假"与"名"连用来对译 prajñapti，还有一处佐证出现在第 22 品第 11 颂：

> śūnyam ity apy avaktavyam aśūnyam iti vā bhavet |
> ubhayaṃ nobhayaṃ ceti prajñaptyarthaṃ tu kathyate ‖
> MMK 22.11
>
> stong ngo zhes kyang mi brjod de ‖ mi stong zhe kyang mi bya zhing ‖
> gnyis dang gnyis min mi bya ste ‖ gdags pa'i don du brjod par bya ‖
>
> 《中论》：空则不可说，非空不可说，共不共叵说，但以假名说。
>
> 《般若灯论释》：空则不应说，非空不应说，具不具亦然，世谛故有说。
>
> 《大乘中观释论》：空即不可说，不空亦不有，具不具亦然，假施设故说。
>
> 拙译：不应说"空"或"非空"，也不应说"［空与非空］二者兼具"或"［空与非空］二者都无"，可是为了施设的目的则言说。

这里的 prajñapti 与第 24 品第 18 颂中的名词形式一致，在此处与 artha 构成复合词，藏译为 gdags pa'i don（施设的目的）。鸠摩罗什译为"以假名"，其中"假名"对应 prajñapti，"以"大致对应 artha。《般若灯论释》译为"世谛故"，《大乘中观释论》译为"假施设故"，叶少勇译为"为施设故"[9]。《般若灯论释》最为特别，把"施设"译解为"世谛"，显示了二谛的理论背景。

还有一处稍有不同的名词形式 prajñapita 出现在第 18 品第 6 颂，但译法却不同：

---

[9] 叶少勇：《中论颂：梵藏汉合校·导读·译注》，页 377。

ātmety api prajñapitam anātmety api deśitam |

buddhair nātmā na cānātmā kaścid ity api deśitam ‖ MMK 18.6

bdag go zhes kyang btags gyur cing ‖ bdag med ces kyang bstan par 'gyur ‖

sangs rgyas rnams kyis bdag dang ni ‖ bdag med 'ga' yang med par bstan ‖

《中论》：诸佛或说我，或说于无我，诸法实相中，无我无非我。

《般若灯论释》：为彼说有我，亦说于无我，诸佛所证法，不说我无我。

拙译：佛陀施设"我"，也宣说"无我"，还宣说"我、无我皆无所有"。

藏译把名词形式的 prajñapita 译为 btags gyur(施设了)，鸠摩罗什把它译为"说"。《般若灯论释》也译为"说"，其后的"有"可以理解为进一步解释此"说"，因而是"说有"。但更大的可能是译者在"我"之前添加"有"来译 ātmā，而与后文的"无我"(anātmā)对举。但无论如何，"说"或"施设"的结果不只是"我"，而且是"有我"。《大乘中观释论》在相应处没有与此句对应的偈颂，但在长行中有类似的说法："是故如来施设有我"[10]。"施设有我"的说法与《般若灯论释》中的"说有我"非常类似。叶少勇译为"亦有'有我'之施设"，也在"我"之前添加"有"而与后文的"无我"对举，另外他还在"有我"之前添加"有"，从而"有……施设"对译 prajñapita[11]。这些译文都比鸠摩罗什译文中的"说"更加拉近 prajñapita(施设)与"有"的关联。

除了这几处的名词形式 prajñapti 和 prajñapita 外，其余的几处则是几个不同的动词变形。首先是 prajñapyate，它出现在第 9 品第 3 颂：

---

[10] CBETA 2021.Q4, K41, no. 1482, p. 146c4－5.

[11] 叶少勇：《中论颂：梵藏汉合校·导读·译注》，页303。

darśanaśravaṇādibhyo vedanādibhya eva ca |

yaḥ prāg vyavasthito bhāvaḥ kena prajñapyate 'tha saḥ ||
MMK 9.3

lta dang nyan la sogs pa dang || tshor ba la sogs nyid kyi
ni ||

snga rol dngos po gang gnas pa || de ni gang gis gdags
par bya ||

《中论》：若离眼等根，及苦乐等法，先有本住者，以何而
可知？

《般若灯论释》：若眼等诸根，受等诸心法，彼先有取者，
因何而施设？

《大乘中观释论》：眼耳等诸根，受等心所法，有法先住
者，以何可了知？

拙译：如果在能见、能听的［诸根］等以及受等［心所出
现］之前，就已经有其实体安住的话，那么这［实体］依何而
得以施设？

这里的动词形式 prajñapyate，藏文译为 gdags par bya（应施设），鸠摩
罗什译为"可知"，《大乘中观释论》也译为"可了知"。但《般若灯论
释》译为"施设"，叶少勇也译为"施设"[12]，这样的译法保持了此词与
名词 prajñapti 的一致。

动词形式 prajñapyate 还出现在第 11 品第 1 颂：

pūrvā prajñāyate koṭir nety uvāca mahāmuniḥ |

saṃsāro 'navarāgro hi nāsyādir nāpi paścimam || MMK 11.1

sngon mtha' mngon nam zhes gsungs || thub pa chen pos
min zhes gsungs ||

'khor ba thog ma tha med de || de la sngon med phyi ma
med ||

---

[12]　叶少勇：《中论颂：梵藏汉合校・导读・译注》，页 151。

  《中论》：大圣之所说，本际不可得。生死无有始，亦复无有终。

  《般若灯论释》：生死有际不？佛言毕竟无。此生死无际，前后不可得。

  《大乘中观释论》：大牟尼所说，生死无先际。今此如是说，无先亦无后。

  拙译："先前的边际可知吗？"大牟尼说："不。"因为轮回没有始终，它没有初始，也没有后际。

《中论》和《大乘中观释论》类似，把前半颂作一整句。月称和佛护的注释也如此理解⑬。鸠摩罗什把 prajñāyate…na 译为"不可得"，而《大乘中观释论》则译为"无"，如果去掉否定词 na，那么 prajñāyate 就对应"有"。与之相反，藏译、《般若灯论释》，以及藏译《无畏疏》则把前半颂看作一问一答两句，因而把 prajñāyate 与之后的否定词分割开来。藏译把 prajñāyate 译为 mngon（了知、显现），吕澂译为"见"⑭，叶少勇译为"可知"⑮。《般若灯论释》中的"不"并不对应否定词 na，因为此否定词被分配到下一句的回答中，且被译作"无"。此"不"置于句尾用来表示疑问，如同藏文 nam 的作用。《般若灯论释》把 prajñāyate 译为"有"。

在第 19 品第 5 颂也出现了 prajñāyate：

nāsthito gṛhyate kālaḥ sthitaḥ kālo na vidyate |

yo gṛhyetāgṛhītaś ca kālaḥ prajñapyate katham ‖ MMK 19.5

mi gnas dus su 'dzin mi byed ‖ gang zhig gzung bar bya ba'i dus ‖

gnas pa yod pa ma yin pas ‖ ma bzung dus su ji ltar gdags ‖

  《中论》：时住不可得，时去亦叵得，时若不可得，云何说

---

⑬ 叶少勇：《中论颂：梵藏汉合校·导读·译注》，页 185。

⑭ 同前注，页 185 引文。

⑮ 同前注，页 185。

时相？

　　《般若灯论释》：不取不住时，住时亦不有；可取不可取，云何可施设？

　　拙译：不安住的时间不可把握，可把握而又安住的时间不存在，没有被把握的时间如何得以施设？

藏译把动词 prajñapyate 译为 gdags（施设），鸠摩罗什译为"说"，吕澂也译为"说"[16]；《般若灯论释》译为"可施设"，叶少勇也译为"可施设"[17]。《大乘中观释论》缺失与此对应的偈颂。

　　另外一个动词变形为 prajñapyeta，它出现在《中论颂》第 22 品第8 颂：

> tattvānyatvena yo nāsti mṛgyamāṇaś ca pañcadhā ǀ
>
> upādānena sa kathaṃ prajñapyeta tathāgataḥ ǁ MMK 22.8
>
> rnam pa lngas ni btsal byas na ǁ gang zhig de nyid gzhan
>
> nyid du ǁ
>
> med pa'i de bzhin gshegs pa de ǁ nye bar len pas ji ltar
>
> gdags ǁ

　　《中论》：若于一异中，如来不可得，五种求亦无，云何受中有？

　　《般若灯论释》：一异无如来，五种求不得；云何当以取，施设有如来？

　　《大乘中观释论》：无一性异性，五种求亦无，云何所取中，施设有如来？

　　拙译：经由等同于或相异于［诸蕴等］的五种推求，都无法［确立如来的］存在，如何能依赖取［蕴］来施设此如来？

此处的 prajñapyeta，普桑（La Vallée Poussin）和狄雍（de Jong）刊本皆

---

⑯　叶少勇：《中论颂：梵藏汉合校·导读·译注》，页 317 引文。
⑰　同前注，页 317。

作 prajñapyate,叶少勇据 MacDonald 改为 prajñapyeta[18]。藏译为 gdags（施设），叶少勇也译为"施设"[19]。鸠摩罗什则直接把它译为"有"，这是鸠摩罗什译文中把"施设"译解为"有"最明确的一处。《般若灯论释》和《大乘中观释论》都译作"施设有"，也是明确了"施设"与"有"的关联。另外，此处"upādānena…prajñapyeta"（依赖取［蕴］来施设）的表达式，也接近第 24 品第 18 颂中的"prajñaptir upādāya"（依托施设）。这可能与这里讨论的主题是更为正面的"如来"有关。

在同一品的第 10 颂,prajñapyeta 也有出现：

evaṃ śūnyam upādānam upādātā ca sarvaśaḥ

prajñapyeta ca śūnyena kathaṃ śūnyas tathāgataḥ ∥ MMK 22.10

de ltar nyer blang nyer len po ∥ rnam pa kun gyis stong pa yin ∥

stong pas de bzhin gshegs stong pa ∥ ji lta bur na 'dogs par 'gyur ∥

《中论》：以如是义故,受空受者空,云何当以空,而说空如来？

《般若灯论释》：法体如是故,取及取者空；云何当以空,而说空如来？

《大乘中观释论》：法无自体故,能取所取空,及一切种空,空何有如来？

拙译：如此一切形式的所取［蕴］和取者都是空的,如何还以空的［蕴］来施设空的如来？

此处的动词 prajñapyeta,普桑和狄雍刊本也皆作 prajñapyate,叶少勇

---

[18] 叶少勇：《中论颂：梵藏汉合校·导读·译注》,页 374；Anne MacDonald, "Revisiting the Mūlamadhyamakakārikā：Text-Critical Proposals and Problems," *Studies in Indian Philosophy and Buddhism* インド哲学仏教学研究 14（2007）, p. 45。

[19] 叶少勇：《中论颂：梵藏汉合校·导读·译注》,页 375。

据 MacDonald 改为 prajñapyeta[20]。藏译为 'dogs par 'gyur（将施设），叶少勇译为"施设"[21]。鸠摩罗什译为"说"，《般若灯论释》也译为"说"，而《大乘中观释论》则直接把它译为"有"。

最后一个动词变形为 prajñapayemahi，出现于第 23 品第 10 和 11 颂：

> anapekṣya śubhaṃ nāsty aśubhaṃ prajñapayemahi |
>
> yat pratītya śubhaṃ tasmāc chubhaṃ naivopapadyate ||
> MMK 23.10
>
> gang la brten nas sdug pa zhes || mi sdug par ni gdags bya ba ||
>
> sdug la ma ltos yod min pas || de phyir sdug pa 'thad ma yin ||

《中论》：不因于净相，则无有不净；因净有不净，是故无不净。

《般若灯论释》：若不因彼爱，则无有不爱；因爱有不爱，是故无有爱。

《大乘中观释论》：若不因不善，善即无施设，以因不善故，善亦无所有。

拙译：不观待于净，不净就不存在。要依赖此[不净]来施设净，因此，净本身不可能有。

动词 prajñapayemahi，藏译为 gdags bya ba（去施设）。鸠摩罗什把它译为"有"，《般若灯论释》也译为"有"。《大乘中观释论》译为"施设"，吕澂译为"得施设"[22]，叶少勇译为"来施设"[23]。

㉑ 叶少勇：《中论颂：梵藏汉合校・导读・译注》，页 374；Anne MacDonald, "Revisiting the Mūlamadhyamakakārikā: Text-Critical Proposals and Problems," pp. 45–46。

㉑ 叶少勇：《中论颂：梵藏汉合校・导读・译注》，页 375。

㉒ 见同前注，页 395 引文。

㉓ 同前注，页 395。

anapekṣyāśubhaṃ nāsti śubhaṃ prajñapayemahi |

yat pratītyāśubhaṃ tasmād aśubhaṃ naiva vidyate ‖

MMK 23.11

gang la brten nas mi sdug par ‖ sdug pa zhes ni gdags
bya ba ‖

mi sdug la ma stos yod min pas ‖ de phyir mi sdug 'thad
ma yin ‖

《中论》：不因于不净,则亦无有净;因不净有净,是故无
有净。

《般若灯论释》：无不爱待爱,无爱待不爱,若以爱为缘,
施设有不爱。

《大乘中观释论》：若不因于善,不善无施设,以因于善
故,不善无所有。

拙译：不观待于不净,净就不存在。要依赖此[净]来施
设不净,因此,不净本身不存在。

动词 prajñapayemahi,藏译为 gdags bya ba(去施设)。鸠摩罗什还是
把它译为"有",《般若灯论释》则译为"施设有",《大乘中观释论》译
为"施设",叶少勇译为"来设"[24]。注意在这两处,鸠摩罗什都把动词
prajñapayemahi(来施设)解读为"有"。另外,龙树在这两颂中基于净
与不净的相互依待,进而否定两者的存在。这样的理路在《中论颂》
中多处可见,这似乎与本文开头提及的龙树在《中论颂》第 10 品对事
物之间相互依待关系的破斥有些抵触。确实如此,而这抵触是佛护
等注释者所着力疏通之处,我在先前研究中有讨论[25]。

通过以上梳理,我们看到在龙树《中论颂》中,名词 prajñapti 只
是出现于第 24 品第 18 颂和第 22 品第 11 颂,鸠摩罗什在此两处都
译为"假名"。另一个相关的名词形式 prajñapita 出现在第 18 品第 6
颂,鸠摩罗什译为"说"。相关的动词 prajñapyate 出现多次,鸠摩罗

---

[24] 叶少勇:《中论颂:梵藏汉合校·导读·译注》,页 395。

[25] 详见姚治华:《空与假:以〈中论颂〉第 24 品第 18 颂为中心》。

什分别译为"可知"（第 9 品第 3 颂）、"可得"（第 11 品第 1 颂）、"说"（第 19 品第 5 颂）。另一个动词变形 prajñapyeta 则被分别译为"有"（第 22 品第 8 颂）、"说"（第 22 品第 10 颂）。还有一个动词变形 prajñapayemahi 被鸠摩罗什译为"有"（第 23 品第 10 和 11 颂）。

在这些多样的译名中，鸠摩罗什总体而言把握了 prajñapti 及相关词语的字面含义"施设"，译为具动作意味的"说""可知""可得"。"假名"或"名"更具名词意味，可以理解为施设的结果。如果站在佛护等"施设而无"的立场看，这些施设和名言都是增益、是安立，没有存有论地位。但鸠摩罗什多处采用"有"来译解"施设"，很强地暗示了他倾向于"施设而有"的立场，即承认一种弱的、次级的存有——"假有"。

三、"假名"

讨论了鸠摩罗什所译《中论》的颂文部分后，我们来处理其译文所附的传统上归于青目的注释。由于此注释只有汉译本，我们无法对照相应的梵文或藏文本。因而，与上节处理龙树《中论颂》的情形不同，我们无法通过不同译文的比对，来区分作者青目与译者鸠摩罗什思想之间的差异。因此，我们在下文中将假定汉译《中论》为一体，反映作者青目与译者鸠摩罗什的共同思想。我们会重点分析其中出现的"假名"概念及其相应的语境，试图来回答"假而无"抑或"假而有"的问题。

首先，在传世本《中论》开首附有僧叡序，其中"假"字出现了一次："言非释不尽，故假论以明之。"这里很明显是传统的"借"之义。在《中论》长行释文中，"假"共出现十一次，其中的十次都是与"名"构成新词"假名"，唯有一处为"假为名字"，但也与"假名"含义相近。下面我们对其逐一分析。

在《中论》第 27 品有一段长篇注释，以正反方问答的方式讨论我们熟知的无我说。正方主张"我"不存在，依次破除了"舍主""作者""见者""刈者"等支持有我的例证，得出"无我"的结论。此时，反方提出"若谓'无我'，五阴相续中亦有是过"。正方回应说：

答曰：是事不然。何以故？五阴虽相续，或时有用、或时无用，如蒲桃浆持戒者应饮，蒲桃酒不应饮，若变为苦酒还复应饮。五阴相续亦如是，有用有不用，若始终一我，有如是过。五阴相续无如是过，但五阴和合故假名为我，无有决定。如梁椽和合有舍，离梁椽无别舍。如是五阴和合故有我，若离五阴实无别我，是故我但有假名无有定实。㉖

反方的策略是以"相续"这一概念类比"我"，如果"我"有种种过失，那么"相续"也应该有同样的过失。正方在回应中否认此点，但他给出的理由不是说"相续"与上述的"舍主"等一样不存在，而是正面承认"五阴相续"。这里应该对比龙树在颂文中对"相续"的态度。龙树在《中论颂》中多处破斥"相续"（saṃtāna, saṃtati），如第 21 品第 15 至 21 颂和第 27 品第 16 颂。特别是在第 19 品第 7 至 11 颂，他介绍了业的相续说，并在后文中予以破斥。一般认为，龙树此处所介绍的学说，可能来自经量部的先驱譬喻师㉗。其后正式成立的经量部，也把相续说作为其重要学说之一。但在第 27 品第 22 颂中，龙树似乎比较正面地提及"相续"："由于这［世间］就是诸蕴的相续，如同灯的焰火，因此，［世间］的无尽性和有尽性都不合理。"（skandhānām eṣa saṃtāno yasmād dīpārciṣām iva | tasmān nānantavattvaṃ ca nāntavattvaṃ ca yujyate ‖ MMK 27.22）这也许是此处注释中正方承认"相续"的根据。

正方首先强调"相续"与"我"不同。"我"是"始终一我"，而"相续"是有时有作用，有时没有作用，还用葡萄浆在不同阶段有无酒的效用为例加以说明。接着引入"假名"这一概念："但五阴和合故假名为我。""五阴和合"相当于诸蕴的相续，把此"和合"或"相续"施设为"我"，如同"梁椽和合有舍"。如果是基于梁椽和合则有舍，而如果离于梁椽则无舍。同样的道理，基于五蕴的和合或相续就有我，而离于

㉖ CBETA 2021.Q4, T30, no. 1564, pp. 37c28－38a8.

㉗ 见 Ulrich Timme Kragh, *Early Buddhist Theories of Action and Result: A Study of Karmaphalasambandha, Candrakīrti's Prasannapadā, Verses 17.1－20.* Wiener Studien zur Tibetologie und Buddhismuskunde 64 (Wien, 2006), pp. 270－271。

五蕴就无我。我们看到,正方对于我之有无的态度比此段之前坚决否认我的态度有所弱化,所以他总结说:"是故我但有假名无有定实。"这里的"无有定实"相当于同段引文中的"无有决定"。鸠摩罗什把《中论颂》第 2 品第 24 颂、第 8 品第 1 至 2 颂、第 9 至 10 颂中多次用到的 sadbhūta 译为"决定"或"定",也把第 24 品第 16 颂相近含义的 sadbhāva 译为"决定",但这不是我们后世所熟知的"决定"的含义。只有在第 27 品第 8 颂,鸠摩罗什用"决定"对译 niścaya,这是我们所熟悉的"确定"之义。上述引文中的"决定"应该是对译 sadbhūta 或 sadbhāva,相较而言,见于《中论》释文仅两次的"定实"(其中一次见于上述引文)则是这两个词较好的汉译名。现在我们通常把它们译为"实有",所以"无有决定"或"无有定实"就是不实有。"我"当然不会是实有,但同时此"我"又"但有假名",这应该是说"我"作为对五蕴相续的施设又是有,因而可以说"有我"。这里的"假名"(prajñapti)已经非常接近后来中观派采自说一切有部的"假有"(prajñaptisat)了。

在上述引文稍后,正方还更为明确地概括了这一"有我"说:"是故我不离受、不即是受,亦非无受、亦复非无,此是定义。"㉘这里的"受"应该是对译 upādāya 或 upādāna,前者即是我们上文所讨论的"依托",其独立格的形式强调动作义,而后者为名词形式,常译为"取",是所依取的基础。虽然这里没有提到"假名"或"施设",但是谈"我"与"受"的关系已经暗示了上文依取诸蕴而施设"我"的语境。说"我"既"不离受",又"不即是受",是在强调"我"与诸蕴不即不离的关系,接着他说"亦非无受",这是肯定诸蕴的有;又说"亦复非无",这是说"我"非无,因而是"有我"说。

关于"有我"说,《中论》在第 18 品有更为明确的表述:

> 诸佛以一切智观众生故,种种为说,亦说有我亦说无我。若心未熟者,未有涅槃分,不知畏罪,为是等故说有我。又有得道者,知诸法空,但假名有我,为是等故说我无咎。

㉘　CBETA 2021.Q4, T30, no. 1564, p. 38a17 – 18.

又有布施持戒等福德，厌离生死苦恼畏涅槃永灭，是故佛为
是等说无我。诸法但因缘和合，生时空生、灭时空灭，是故
说无我，但假名说有我。又得道者，知无我不堕断灭，故说
无我无咎。是故偈中说，诸佛说有我，亦说于无我，若于真
实中，不说我非我。㉙

这段释文是在解说龙树《中论颂》第 18 品第 6 颂"佛陀施设'我'，也
宣说'无我'，还宣说'我、无我皆无所有'"（ātmety api prajñaptitam
anātmety api deśitam ∣ buddhair nātmā na cānātmā kaścid ity api
deśitam ‖ MMK 18.6）。龙树这里用了两个不同的动名词："施设"
（prajñaptita）和"宣说"（deśita）。按照上座部、说假部以及佛护等的
施设理论，施设或名言没有存有论地位㉚，所以被施设的"我"不是有，
而是无。当然，龙树把所施设的"我"与"无我"、"我、无我皆无所有"
对举，似乎暗示了这里的"我"不是无而是有，所以《中论》在上引注释
中解释为"假名有我"或"假名说有我"。但有趣的是，这两处的"假名
有我"说又不同于"说有我"，因为"说有我"针对的是"心未熟者"，这
或许也是龙树颂文中"施设'我'"所针对的受众。相反，"假名有我"
的受众则是"得道者"，他们领悟了"诸法空""无我"，同时又承认"假
名有我"。这样的话，"得道者"心目中的"有我"就不同于"心未熟
者"心目中的"有我"。对于后者而言，"有我"就意味着"我"真的存
在；而对于前者而言，"有我"仅是"假名有我"，这个"我"有了一个弱
的、次级的存有论地位。

　　类似的情形也可以在关于业的讨论中看到。在《中论颂》第 17
品，龙树先是介绍了几种关于业的学说，然后分别破斥业、身、作者、
受者。在《中论》对于此品后半部分的注释中，先是以反方的口吻批
评说，这样对业、果报和作者的破斥与经典所说相悖，并引了一段经
文加以证明。正方在回应时，先是引用《中论颂》第 17 品第 29 至 30
颂，在其中龙树又明确否定了业和作者、果和受者的存在。紧随其后

㉙　CBETA 2021.Q4, T30, no. 1564, p. 24c10 – 20.
㉚　进一步的讨论见姚治华：《空与假：以〈中论颂〉第 24 品第 18 颂为中心》。

《中论》的注释却有一段耐人寻味的话：

> 若无业、无作业者，何有从业生果报？若无果报，云何有受果报者？业有三种；五阴中假名人是作者；是业于善恶处生，名为果报。若起业者尚无，何况有业、有果报及受果报者？

此段释文中的几个问句好理解，基本上是以反问的方式来否定业、作业者和受果报者。这与龙树的颂文一致，而且第 30 颂也是反问的句式。但在问句之间插入的几个陈述句却不好理解。"业有三种"大约是指注释下文中提到的"身、口、意业"，这也是佛教对业的基本分类。"五阴中假名人是作者"又似乎是给"作者"加以界定。"是业于善恶处生，名为果报"又定义了"果报"。这几条陈述究竟意图何在？只是为读者界定概念，还是以陈述的方式承认其存在？本品结尾最后一段注文似乎给出了可能的答案："作者名为能起诸烦恼业、能受果报者。果报名从善恶业生无记五阴，如是等诸业皆空无性，如幻如梦、如炎如响。"㉛这里虽然也是正面陈述了"作者"和"果报"，但紧接着说它们"如梦如幻"，同样的喻例出现在龙树颂文的第 33 颂。如果按我们通常对梦、幻比喻的理解，这是在说它们都不存在。但我们下文会看到，关于梦幻的有或无可以进一步讨论。所以，此处引文中作为"假名"的"作者"是"如幻如梦"一样不存在，还是一个弱的、次级的存有，我们无法确知。

在《中论》别处，我们却看到它明确承认业的存在。《中论颂》第 8 品专题讨论业与作者的关系，龙树以两者的相待关系为由，否定其各自的独立性，进而否定其存在。《中论》释文以反方的口吻批评说，如果说作者和作业都不存在，那就会落入"无因"论。对于龙树破斥一切的立场，这确实是一个很自然的忧虑。正方回应说："答曰：是业从众缘生，假名为有，无有决定。不如汝所说。"㉜这里正方否认自己

㉛ CBETA 2021.Q4, T30, no. 1564, p. 23c11–14.
㉜ CBETA 2021.Q4, T30, no. 1564, p. 13a14–16.

的立场会落入无因论或虚无论,因为业从各种因缘条件而生,是"假名为有",也就是"假而有"。到目前为止,这是《中论》释文中最明确表达"假有"的一处文字。后文所言"无有决定"也进一步说明此"假名为有"是次级的存有,因为它没有"决定"(sadbhūta,sadbhāva),即不实有。正方在引用《中论颂》第8品第12颂并稍作解释后,进一步总结上述立场:

> 若从和合生则无自性,无自性故空,空则无所生。但随凡夫忆想分别故,说有作业有作者;第一义中无作业、无作者。③

这里引入了我们后世熟知的二谛框架加以说明:在第一义谛上"无作业、无作者",而在"随凡夫"的世俗谛则"有作业、有作者",这里的"有"必定是上述的"假名为有",而不是实有。注意此处正方在世俗谛上,同时承认了有作者和其所作的业。但相较而言,说"有作者"或"有我"可能会与传统佛教的无我说相冲突,而说"有业及果报"则会协调中观派与传统佛教业报轮回说之间的张力。因此,在解读后世中观派引入二谛说来减弱龙树空性观念的破坏性时,人们往往会选择性地承认那些如业、因、果之类的"正面"概念的假有或世俗有。殊不知如作者或我之类的"负面"概念,也应该同样是假有。所以,我们通常会听到"空性不坏因果"的说法,而不会听到说"空性不坏我或自性"。而事实上,如果业和因果是假有,我或自性也可以是假有④。

这种对业的正面态度,还可以在《中论》释文中别处看到。《中论

---

③　CBETA 2021.Q4, T30, no. 1564, p. 13a21–24.

④　匿名审稿人认为"我"与"作者"有两种用法,一种指印度教所肯定而佛教无我论所破斥的恒常不灭的我(ātman),另一种指五蕴和合的身心相续。后者并不是负面的,这一意义的我或作者,一如业、山河大地一般,虽然如梦境般空幻,但不同于全然不存在的空花、兔角,仍可以说是似有若无的假有。相反,印度教意义上的我或一切有部意义上的自性,一如空花、兔角一般,确定是不存在的,因此从中观立场应该不能说自性与我是假有。这里涉及本文的重点,我认为这里的理路正是清辨、月称以降的中观在接受"假有"概念之后,又区分了一个"唯假"用以说明这里的我(ātman)之类,对此我在先前研究中(《空与假:以〈中论颂〉第24品第18颂为中心》)有细致讨论。但问题在于区分这两种意义的我或作者在龙树这里没有证据,因为龙树在《中论颂》第8品的终极结论就是业与作者都不存在。

颂》第 17 品集中讨论业与业果，其第 20 颂很重要，此颂说："空性而非断灭，轮回而非恒常，业的不失法是佛所宣说。"（śūnyatā ca na cocchedaḥ saṃsāraś ca na śāśvatam ｜ karmaṇo 'vipraṇāśaś ca dharmo buddhena deśitaḥ ‖ MMK 17.20）鸠摩罗什此颂优美的译文更是广为人知："虽空亦不断，虽有而不常，业果报不失，是名佛所说。"此颂听起来很好地协调了空性与业报轮回之间的张力，贯彻了不空不有、不断不常的中道原则，而且又说它是佛所说，所以"业报果不失"便成了中观派对于业的正面态度的标志性说法。这一理解的根据正在于鸠摩罗什所传《中论》，其中把此颂解读为正面回应反方"无业果报"的诘问：

> 问曰：若尔者，则无业果报。
> 答曰：虽空亦不断，虽有亦不常，业果报不失，是名佛所说。[35]

但对照其他传世的《中论颂》梵、藏、汉文注释，其中包括佛护、清辨、安慧和月称的注释，他们都是把此颂解作第 12 至 19 颂的总结，这几颂都在介绍反方的业不失法学说。此说是犊子部系所持的重要学说，与龙树在第 21 颂以下对业的破斥大异其趣，但鸠摩罗什所传的青目注却把此颂解为正方即龙树的观点。叶少勇还在鸠摩罗什其他译著中找到证据，说明这不是汉译《中论》流传过程造成的版本错误，而是鸠摩罗什系统性地努力去确立业报轮回的正面地位[36]。注意此颂并不是说业报轮回只是"假有"，因此它与后世中观派在世俗谛上建立业和业果的立场并不一致，当然与龙树在颂文中对业和业果的破斥更不一致。

除了在讨论我、作者和业的语境下论及"假名"外，《中论》还有两处在讨论梦幻时提及"假"或"假名"。在第 7 品的最末尾处，反方诘问："若是生、住、灭毕竟无者，云何论中得说名字？"正方先是引述第 34 颂，在其中龙树说生、住、灭如同幻象和梦境，也如同乾闼婆城。对

㉟　CBETA 2021.Q4, T30, no. 1564, p. 22c19－22.
㊱　见叶少勇：《龙树对断见的破斥与鸠摩罗什的译介和重建——以〈中论颂〉及其汉译为中心》，《唯识研究》2022 年第 9 辑，页 293—306。

此,《中论》释文解释说:

> 生、住、灭相无有决定,凡人贪著谓有决定。诸贤圣怜
> 愍欲止其颠倒,还以其所著名字为说,语言虽同其心则异。
> 如是说生、住、灭相,不应有难。如幻化所作,不应责其所
> 由,不应于中有忧喜想,但应眼见而已。如梦中所见不应求
> 实,如乾闼婆城日出时现而无有实,但假为名字不久则灭。
> 生、住、灭亦如是,凡夫分别为有,智者推求则不可得。[37]

龙树在颂文中只是说生、住、灭如同梦幻,此类喻例在各种《般若经》
中常见到,用来说明所喻对象的不存在。用梦幻等说明生、住、灭的
不存在,也契合龙树"无生"的核心思想。但这段释文却特别强调乾
闼婆城是"日出时现",而"幻化"又可以"眼见"。虽然这里也承认这
些幻象"无有实",却又说它们"但假为名字不久则灭",那么"假为名
字"是在说它们是有还是无?释文用同样的道理解释生、住、灭,说它
们虽然"无有决定"即不实有,但凡夫却认其为"有决定"或"分别为
有"。"假为名字"应该与"有决定"或"分别为有"相当,因而它是在
说幻象的有而不是无。但"决定"意味着实有,那么生、住、灭究竟是
实有还是假有?注意反方的诘问其实并没有关注生、住、灭等现象
的存有论地位,因为他已经认定正方承认它们"毕竟无",而只是关
注如何可能言说此类非存有者,但正方的回应却集中于存有论的
视角。

在《中论》第2品的结尾处,还谈到"假名"与幻化之间的关系:

> 如是思惟观察,去法、去者、所去处,是法皆相因待。因
> 去法有去者,因去者有去法,因是二法则有可去处,不得言
> 定有、不得言定无,是故决定知,三法虚妄,空无所有,但有
> 假名,如幻如化。[38]

---

[37] CBETA 2021.Q4, T30, no. 1564, p. 12a25 - b4.
[38] CBETA 2021.Q4, T30, no. 1564, p. 5c10 - 14.

龙树在与此段释文相应的第 25 颂中总结全品的主旨："实有和非实有的三种行动都无法行动，因此，行动、行者和所行都不存在。"（ gamanaṃ sadasadbhūtaḥ triprakāraṃ na gacchati ｜ tasmād gatiś ca gantā ca gantavyaṃ ca na vidyate ‖ MMK 2.25）而在上引释文中，在说明了三者的相待关系后，就说它们"不得言定有、不得言定无"。这就与龙树认为它们"不存在"的结论不一致。但释文接着又说此三法"虚妄、空无所有"，这似乎又与龙树的结论一致。如果顺着这"不存在"的思路解读其后的"但有假名，如幻如化"，就可以把"幻化"和"假名"理解为不存在，因而是"假而无"的立场。但更强的可能性是，这里的"假名"和"幻化"是与之前的"虚妄"和"空无所有"相对举，后者在说"不得言定有"，而前者是说"不得言定无"。这里虽然没有明确提到二谛，却还是二谛对举的框架，因而"假名""幻化"都是世俗谛意义上的"假有"，这就是"假而有"的立场。

　　《中论》在上述讨论我、作者、业和梦幻的语境下论及"假名"时，都表露了"假而有"的立场，但在第 25 品讨论作为无为法的涅槃时，却似乎表露了相反的立场：

　　　　涅槃非是有。何以故？一切万物从众缘生，皆是有为。无有一法名为无为者，虽常法假名无为，以理推之，无常法尚无有，何况常法不可见不可得者？[39]

此段释文旨在说明龙树《中论颂》第 25 品第 5 颂："如果涅槃是存在的事物，涅槃就成为有为［法］。任何无为之物在任何处所都不存在。"（ bhāvaś ca yadi nirvāṇaṃ nirvāṇaṃ saṃskṛtaṃ bhavet ｜ nāsaṃskṛto vidyate hi bhāvaḥ kvacana kaścana ‖ MMK 25.5）释文的主题非常明确，多次强调涅槃或无为法"非是有""无有"，和颂文一样没有丝毫肯定涅槃存在的意思。在此语境下，释文说"常法假名无为"意图何为？我的解读是，此处的"假名"是其"施设"（ prajñapti）的本意，"无为"作为所施设的名言，当然没有任何存有论地位，因而，这里是"假而无"

㊴　CBETA 2021.Q4, T30, no. 1564, p. 35a16－19.

的立场㊵。

《中论》论及"假名"的最后两例,都与"空"或"空性"有关。其中一例是《中论颂》第 24 品第 18 和 19 颂的释文:

> 众因缘生法,我说即是空。何以故?众缘具足和合而物生,是物属众因缘故无自性。无自性故空,空亦复空,但为引导众生故,以假名说。离有无二边,故名为中道。是法无性故,不得言有;亦无空故,不得言无。若法有性相,则不待众缘而有,若不待众缘则无法,是故无有不空法。㊶

释文中"空亦复空,但为引导众生故,以假名说"一句,应该是在解释第 18 颂中的"此[空性]是依托施设"(sā prajñaptir upādāya)。其中的"依托施设",鸠摩罗什译为"假名"。释文中的"假名",似乎只是对应"施设"(prajñapti),"依托"(upādāya)并没有被解释。释文中"空亦复空"的说法常被引用。它首先暗示颂文中的指示代词 sā 被理解为指代上文中的"空性"(śūnyatā)。如我们上文所言,这也是月称以来的主流意见。说此空性为"空",是说它为无;但为了引导众生的缘故,又可以"以假名说"此空性,即"施设"空性的"名言"。在通常的理解中,把龙树与中道和缘起一起所皈敬的空性说为无似乎不合理,所以在引用"空亦复空"的说法时,人们通常会把它理解为"'空性'的名言也是无"。所以,此处释文中的"假名"应该是"施设"的本意"名言",因而是"假而无"。当然,释文接着解释颂文中的"中道",说到"离有无二边""不得言有""不得言无"等说法,似乎暗示某种介于有、无之间的"假有"。但如我们上文已论及,把颂文"此空性是依托施设"解释为"此空性是假有"说不通,除非把此句的主语解读为别的词语。

㊵ 龙树在《中论颂》第 25 品后文中继续破斥"涅槃为无"的说法,但青目释文的相关部分并没有再提及"假"或类似概念,所以不在本文讨论范围之内。本文要处理的是"假"为有或无的问题,而不是涅槃为有或无的问题。

㊶ CBETA 2021.Q4, T30, no. 1564, p. 33b15 – 21.

最后一例"假名"的语境,则是直接讨论"空"与"言说"的关系。在《中论颂》第 22 品第 11 颂,龙树说:"不应说'空'或'非空',也不应说'[空与非空]二者兼具'或'[空与非空]二者都无',可是为了施设的目的则言说。"(śūnyam ity apy avaktavyam aśūnyam iti vā bhavet | ubhayaṃ nobhayaṃ ceti prajñaptyarthaṃ tu kathyate ‖ MMK 22.11)《中论》解释说:

> 诸法空则不应说,诸法不空亦不应说,诸法空不空亦不应说,非空非不空亦不应说。何以故?但破相违故以假名说。[42]

此段颂文和释文都很清楚明白。释文把颂文中"为了施设的目的则言说"简化为"以假名说",所以"假名"对应"施设"。而颂文中所说的"目的",不再是"施设",而是被替换为"破相违故",这与佛护"避免言语过失"的说法类似[43]。空、不空、既空又不空、非空非不空等四句"相违"的表达,如果涉及事物的存有论地位,就会有"言语过失";但如果只是限定在名言概念的范围内,则都可以言说、可以成立。所以,这里的"假名"不是"假而有",而应该是"施设"本意上的"施设而无"或"假而无"。

总之,在鸠摩罗什所译、传为青目所著的《中论》释文中,"假"共出现了十一次,其中的十次都是与"名"构成新词"假名"。唯有一处为"假为名字",但也与"假名"含义相近。所出现的语境,则涉及我、作者、业、梦、幻、涅槃、空性和空等核心概念。经过以上分析,我们可以得出一个的初步结论:在论及我、作者、业和梦幻等与有为法相关的主题时,其中的"假名"都可以理解为"假而有",即承认一个弱的、次级的存有;而在论及涅槃、空性之类与无为法相关的议题时,其中的"假名"则是取其"施设"或"名言"的本意,即是"假而无"的立场。

---

[42] CBETA 2021.Q4, T30, no. 1564, p. 30b24–26.
[43] 见姚治华:《空与假:以〈中论颂〉第 24 品第 18 颂为中心》,页 16。

四、"假名有"

我们对青目的学术背景所知甚少,而依据我们对鸠摩罗什生平的了解,他曾就学于说一切有部最为兴盛的迦湿弥罗地区,所以鸠摩罗什与说一切有部的关系一直受学界关注,而这又集中反映在关于《大智度论》作者的争议之上。按照传统的说法,这部百卷大论为龙树所作,但拉莫(Étienne Lamotte)等当代学者主张,此论的编撰如果不是有鸠摩罗什本人参与其中,就是由在印度西北部又有说一切有部背景的未知论者所作[44]。

关于目前的主题,经初步调查,在《大智度论》中"假"出现了多达242次,其中"假名"有177次。这之中有多少是传统汉语中的"假借"之义(其中"假借"连用出现了4次),而多少是对译梵文 prajñapti 或相关词语;这其中有多少是"假而无"的含义,又有多少是"假而有"的立场,这些都值得细致研究。其中有一段重要文字,可以作为鸠摩罗什"假而有"思想的总结,也可以作为本研究的点睛段落:

> 复次,"有"有三种:一者,相待有;二者,假名有;三者,法有。
>
> 相待者,如长短、彼此等,实无长短,亦无彼此,以相待故有名。长因短有,短亦因长;彼亦因此,此亦因彼;若在物东,则以为西,在西则以为东;一物未异而有东、西之别,此皆有名而无实也。如是等名为相待有,是中无实法,不如色、香、味、触等。
>
> 假名有者,如酪有色、香、味、触四事因缘合故,假名为

④ 见 Étienne Lamotte, *Le Traité de la Grande Vertu de Sagesse de Nāgārjuna*. Tome I (Louvain: Bureau du Muséon, 1944)导论部分。对其的批评意见,见印顺:《〈大智度论〉之作者及其翻译》,《永光集》(2004),页 1—122;电子版见 https://yinshun-edu.org.tw/zh-hant/Master_yinshun/y43。关于《大智度论》与说一切有部关系的研究,见严玮泓:《〈大智度论〉对部派佛教实在论之批判的研究》(台湾大学哲学研究所博士论文,2010)。关于此论的最新研究,见 Stefano Zacchetti, *The Da zhidu lun* 大智度论 (* *Mahāprajñāpāramitopadeśa*) *and the History of the Larger Prajñāpāramitā series* (Bochum/Freiburg: Projektverlag, 2021)。

> 酪。虽有,不同因缘法有;虽无,亦不如兔角、龟毛无。但以
> 因缘合故,假名有酪。叠亦如是。⑤

这里举乳酪为例说明"假名有",它与"相待有""法有"相区分,同时又不同于以兔角、龟毛为例的"无"。"假名有"其实就是说一切有部的"施设有"或"假有"(prajñaptisat),但这三种"有"的分类又与说一切有部对"有"的几种分类法不完全重叠。在浮陀跋摩和道泰等译的《阿毗昙毗婆沙论》中,罗列了两种分类法:

> 二种:一物体有、二施设有。
> 三种:一相待有、二处所有、三实有。⑥

玄奘所译《阿毗达磨大毗婆沙论》则罗列了三种分类法:

> 二种:一实物有、二施设有。
> 三种:一相待有、二和合有、三时分有。
> 五种:一名有、二实有、三假有、四和合有、五相待有。⑦

　　《大智度论》中的"假名有"相当于两种二分法中的"施设有",两个译本所举的例证都是"男、女等";也相当于五分法中的"假有",其例证是"瓶、衣、车乘、军、林、舍等"。但上列两种三分法却与《大智度论》中的三分法不一致。与《大智度论》最接近的三分法,见于说一切有部众贤所著《阿毗达磨顺正理论》。众贤先是列举两种有:一实有、二假有,并举瓶、军等为例说明"假有"。然后他又补充了一种说法,把"相待有"列为第三种有。这三种有并列与《大智度论》中所见的三种有一致,其中的"实有"对应于《大智度论》中的"法有","假有"对应"假名有","相待有"在两处名称一致。只是众贤并不赞同这三分

---

⑤　CBETA 2021.Q4, T25, no. 1509, p. 147c5 – 15.
⑥　CBETA 2021.Q4, T28, no. 1546, p. 30c20 – 25.
⑦　CBETA 2021.Q4, T27, no. 1545, p. 42a24 – b4.

法,主张可以化约为二分法:"此即摄在前二有中,名虽有殊,所目无异。"⑱

我们知道,众贤在四至五世纪活跃于迦湿弥罗地区,与鸠摩罗什所处时代相去不远,他所提及并批评的有的三分说竟然是《大智度论》中的三种有,这可能性不是没有。总之,在《大智度论》中,至迟在其译者鸠摩罗什所处的时代,就把说一切有部的"假有"概念引入,并用以解读龙树等的中观文献,其时代更早于安慧、清辨和月称的相关注疏。"假有"概念和相关的多层存有论的引入,把龙树那里作为单纯教说原则的二谛说,改造成为世俗与胜义的二层存有论。此后,这二层存有论便成为释读中观思想的主要框架。

五、结 论

本文集中于鸠摩罗什所传译的青目注《中论》,讨论其中如何译解"依托施设"(prajñaptir upādāya)及相关的"施设"(prajñapti)概念。在龙树《中论颂》中,名词 prajñapti 只出现了两次,鸠摩罗什都译为"假名"。另一个相关的名词形式 prajñapita 出现了一次,鸠摩罗什译为"说"。相关的动词 prajñapyate 出现多次,鸠摩罗什分别译为"可知""可得"和"说";另一个动词变形 prajñapyeta 则被译为"有"和"说";还有一个动词变形 prajñapayemahi 被鸠摩罗什译为"有"。

在《中论》的长行释文中,"假"共出现了十一次,其中十次都是与"名"构成新词"假名"。唯有一处为"假为名字",但也与"假名"含义相近。所出现的语境,则涉及我、作者、业、梦、幻、涅槃、空性和空等核心概念。就其所采用的译名"假名"而言,似乎接近佛护"施设而无"或"假而无"的立场。但经过具体分析,我们看到,在论及我、作者、业和梦幻等与有为法相关的主题时,其中的"假名"都可以理解为"假而有",即承认一个弱的、次级的存有;而在论及涅槃、空性之类与无为法相关的议题时,其中的"假名"则是取其"施设"或"名言"的本意,即是"假而无"的立场。

---

⑱　CBETA 2021.Q4, T29, no. 1562, p. 621c26.

　　鸠摩罗什所表露的"假而有"的立场，在其所传译的《大智度论》关于"假名有"的讨论中得到更为明确的说明。在这部论著中，假名有被列举为三种有之一，而这三种有的分类与说一切有部众贤所批评的一种有的三分法一致。

　　通过以上研究，我们可以确知，在其所传译的论著——包括《中论》和《大智度论》——中，鸠摩罗什把说一切有部的"假有"概念引入，并用以解读龙树等的中观文献，其时代更早于安慧、清辨和月称的相关注疏。

华严宗与朱子

陈荣灼 *

内容提要：本文的基本立场是：如果不懂佛学，则无法真正理解宋明儒学。特别地，若误解华严宗义理，则根本不可能正确掌握朱子的思想。本文将首先展示于何义上华严宗对于朱子儒学思想的形成，起着关键性的影响。其次，最近由 John Makeham（梅约翰）主编的 *The Buddhist Roots of Zhu Xi's Philosophical Thought*（朱子哲学思想的佛教根源）一书提出了"早晚期朱子思想的差别犹如从华严宗到天台宗之过渡"之论述。对此本文提出不同的论证来加以批评。

关键词：华严宗，朱子，牟宗三，宗密

一

从历史的角度来说，在唐朝佛教是中国哲学的主流；然而到了宋代，兴起的新儒家将之取代。这一种兴衰引起我们追问：新儒家的兴起是否受到佛教的影响？过去大概有两种极端的主张，其一认为宋代儒学根本是"阳儒阴释"，另一种则认为宋儒的兴起没有受到佛教任何重要的影响。后者最著名的代表人物是当代新儒家的奠基人之一、同时也是佛教研究专家的牟宗三。在厘清新儒家之所以为"新"之时，牟宗三甚至宣称："［新］是顺本有者引申发展而为本有者之所函，此种函是调适上逐地函。"[1]然而绝大多数的学者却同意：佛教对宋代儒学的兴起是有影响的，其中主要的代表人物有冯友兰。冯友兰甚至尝试展示，于何种方式之下，佛教影响了宋代儒学之兴起[2]。尽管如此，对于

---

* 加拿大布鲁克大学（Brock University）哲学系荣誉教授。（电邮：wchan@brocku.ca）

[1] 牟宗三：《心体与性体》第一册，《牟宗三先生全集》（台北：联经出版公司，2003），第五册，页18。

[2] 冯友兰：《中国哲学史》（上海：上海书店，1990），页798—799。

佛学与宋明儒学之间的关系，在当代只不过是一个边缘性的研究题目。特别在汉语世界，至今仍然缺乏透过集体性合作的方式来研究这一题目。与此不同，在日本可能由于朱子学是德川幕府时代的官学，加上佛教在当地向来非常流行，这不单单影响了日本的学界，同时甚至影响了整个政府的政策。可以说，从一个国际的角度来看，第一波关于朱子与佛学之研究乃是当代日本佛学界的贡献。其中最具代表性的著作包括：荒木见悟的《佛教と儒教》、柳田圣山的《佛教と朱子の周边》、久须木文雄的《宋代儒学の禅思想研究》、土田健次郎的《朱熹の思想体系》等③。在此一波研究中，日本学者以禅宗作为佛教的代表。可以说，其中的主要课题乃是禅宗如何影响了朱子儒家思想的兴起。

牟宗三除了否认宋明儒学的形成与发展受到佛教任何关键性的影响之外，还对于朱子的儒家思想做出负面的定性。他认为朱子的理学根本就是一种"别子为宗"，而宋明儒学的主流正统乃是落在陆象山与王阳明所奠立的"心学"。牟宗三还论证道：朱子代表一种"他律道德"，其中朱子所言之"理"乃是"存有而不活动"。因此，他把朱子的整个哲学定性为一种"横摄系统"④。基本上，我们很难同意牟宗三这种对朱子的理解；具体而言，我们将展示：牟宗三之所以误解朱子，原因在于它完全漠视了朱子跟华严宗的密切关系。众所周知，牟宗三是把华严宗定性为一种"超越的分解"（transcendental analytic）⑤。但在指出牟宗三对华严宗的误解上，我们早已展示：华严宗在本质上乃是一种"辩证的综合"（dialectical synthesis）⑥。

最近 John Makeham（梅约翰）主编的 *The Buddhist Roots of Zhu Xi's Philosophical Thought*（朱子哲学思想的佛教根源）一书面世，西方学界现在可以系统地研究佛学对朱子思想兴起之影响⑦。基于朱

---

③ 荒木见悟：《佛教と儒教》（京都：平乐寺书店，1972）；柳田圣山：《佛教と朱子の周边》，《禅文化研究所纪要》第 8 号（1976），页 20—26；久须木文雄：《宋代儒学の禅思想研究》（名古屋：日进堂书店，1980）；土田健次郎：《朱熹の思想体系》（东京：汲古书院，2019）。

④ 牟宗三：《心体与性体》第三册，《牟宗三先生全集》，第七册，页 57。

⑤ 参见牟宗三：《佛性与般若》下册，《牟宗三先生全集》，第四册，页 575。

⑥ 陈荣灼：《论唯识与华严的本性》，《鹅湖学志》1990 年第 4 期，页 79—96。

⑦ John Makeham, ed., *The Buddhist Roots of Zhu Xi's Philosophical Thought* (Oxford: Oxford University Press, 2018).

子是宋代新儒家的集大成者,该书的出版不只是为英语世界的汉学界带来一个新作品而已。表面看来,此书的最大吸引力在于它是一群此方面的西方汉学专家合作的研究成果。这些专家不但熟识中文,也懂梵文与日文。此外,他们的进路同时既是文献学的,也是哲学的。因此,从一个方法论的观点而言,他们可以说是由奥地利印度学与佛学名家 Erich Frauwallner 所创立的维也纳学派的忠实追随者。由于大部分日本人在这一方面的著作均尚未为西方读者所知晓,而本书的作者都很能够利用日本学界的成果作为出发点。这是值得称赞的。于此意义上,本书乃是日本学界在研究佛学与宋明儒之关系上的一种后续。从国际的观点来讲,梅约翰所编的这本书代表了第二波关于朱子与佛学的研究,其主题在于尝试论证以下立场:从佛教的观点来看,朱子的儒学思想之先后发展,好比从华严宗过渡到天台宗。由于我认为朱子晚年思想与华严宗有着本质上的相似,所以在面对这些当代国际学者研究朱子与佛教关系的成果时,有必要为我的立场加以辩护。

在结构上,本文首先指出,梅约翰与 Brook Ziporyn(任博克)宣称朱子晚年思想之兴起代表了由华严宗到天台宗的过渡,这种主张的谬误所在;其次,此书的所有作者整体上都漠视了一个重要的事实:华严宗为朱子的新儒家思想的形成,提供了一个"概念性架构"(conceptual framework)。

二

从历史的观点来看,朱子应该是将儒家发展成为一个"系统"的第一人。正如康德所指出,一个"系统"乃是"以一个观念来统一杂多的知识模态"[8]。在朱子之前,儒家只是好像一个观念的堆积(aggregate)。与此不同,印度的佛教都是以系统的方式呈现。特别是华严宗,本身就是一个所谓"性起的系统"(system of Nature-origination),此中的指导原则乃是"理",正如其"理事无碍"一主张所显示。无可否认,在先秦已

---

[8]　Immanuel Kant, *Critique of Pure Reason*, trans. Kemp Smith (London: Macmillan, 1964), p. 653.

经有"理"的概念出现，而实际上这也是朱子思想的出发点所在。不过，只有到了朱子，"理"才变成一个"统一性的原则"来将儒家思想统合成一个整体、一个"哲学系统"。朱子对华严经典极其熟识，因此他模仿华严的"系统性进路"，乃是一种理所当然的结果⑨。这特别地证之于其"理一分殊"的学说上。无疑，程伊川早有"理一分殊"作为"伦理学"的原则；不过，朱子后来却首先把它看成为一个"形而上学"的主张。在此分际上，华严宗为朱子发展出一儒家的"本体宇宙论"（onto-cosmology）提供了一个模型。依华严宗，立足于"理"，整个宇宙是一个"有机的整体"（organic whole），其中"一即一切，一切即一"。与此相对，对于朱子而言，"理同时就是万物的（太极），而同时于其整体中就是一切众多相互差别的、个别的'理'与万物的'理型与本性'"⑩。这里在其脉络中，他明显地引述华严哲学中"月映万川"的比喻："一月普现一切水，一切水月一月摄。"⑪这个比喻大抵脱胎自以下华严宗的颂文：

> 譬如净满月，普现一切水，
> 影像虽无量，本月未曾二。⑫

事实上，作为华严宗四祖的澄观，也在其《华严经疏钞玄谈》中引述上颂，而且补充道："百川即喻物。"⑬这可以证明朱子是向华严宗借来一"整体性"的概念架构，以建构其本身的新儒家系统；两者"理"之概念有所分别，则自不待言。可惜的是，梅约翰所编书中所有的作者都未曾注意到这一重要的关联——尽管陈荣捷早有提及⑭。事实上，

---

⑨　陈荣捷在其《朱子新探索》（台北：学生书局，1988）一书页 648 中列举了在朱子著作中出现过的华严宗文献：《华严经》《华严大旨》《华严合论》。然而，宗密所著的《原人论》应也列于其中。参见：Peter Gregory, trans., *Inquiry into the Origin of Humanity* （Honolulu：University of Hawaii Press, 1995）。

⑩　Brook Ziporyn, "The Ti-Yong 体用 Model and Its Discontents：Models of Ambiguous Priority in Chinese Buddhism and Zhu Xi's Neo-Confucianis," in John Makeham, ed., *The Buddhist Roots of Zhu Xi's Philosophical Thought*, p. 255.

⑪　黎靖德编纂：《朱子语类》（北京：中华书局，1986），页 399。

⑫　《大方广佛华严经》，《大正藏》九，486c。

⑬　澄观：《华严经疏钞玄谈》，《卍新纂续藏经选录》五，692b。

⑭　参见陈荣捷：《中国哲学文献选编》（下）（台北：巨流图书公司，1993），页 716；陈荣捷：《朱子新探索》，页 661。

华严宗的"四法界"跟朱子的"四重世界"乃有一种结构上的相似性⑮。

正由于任博克与梅约翰忽略了上述存在于朱子与华严宗之间的这种重要关联,他们才尝试论证说朱子的思路发展可以通过"从华严宗到天台宗的过渡"来表达。不过,正如下文所示,通过与任博克、梅约翰跟 Stephen Angle(安靖如)的"对论"(*Auseinandersetzungen*),我们可以一再证实朱子的终极主张反而跟华严宗有最密切的关联。

三

在其论文"The *Ti-Yong* 体用 Model and Its Discontents: Models of Ambiguous Priority in Chinese Buddhism and Zhu Xi's Neo-Confucianism"(体用模型及其不满:中国佛学与朱熹新儒学中的含混优先性模型),任博克对天台、华严跟朱子之"体用模型",在形而上学和道德心理学的层次上加以比较⑯,目的在于论证:朱子晚期改变了其早期的"体用观",而改变的方式,类似于从华严"体用论"过渡到天台"体用论"的方式。严格而言,任博克声称:

> 如同华严,朱熹视太极为一个突出的形而上实体,与一切事物之间,存在一种绝对的二分,但两者同时又有绝对的共外延之关系,因而享有一种充分的概念性优位。如同天台宗,按照他所给出的理由,他之所以有这样的一种特殊表现,乃源自对于"中"(Centrality)的重视。"中"被等同为在一切事物之上的"理"(太极)之实际的效用性,"中"被视为享有一种优先性,乃是通过其能力去统一二分的"对立",同

---

⑮ 参见: Wing-cheuk Chan, "Two or Four Worlds? From Zhu Xi to Leibniz," in Herbert Breger, Jürgen Herbst, and Sven Erdner, eds., *Natur und Subjekt* (Hannover: Druckerei Hartmann GmbH, 2011), 1. Teil: 162 – 167。

⑯ Ziporyn, "The *Ti-Yong* 体用 Model and Its Discontents: Models of Ambiguous Priority in Chinese Buddhism and Zhu Xi's Neo-Confucianism," in Makeham, ed., *The Buddhist Roots of Zhu Xi's Philosophical* Thought, pp. 193 – 276.

时源自作为存在于多样性（multitude）的理（任一都同时是整个太极）存在于众多的理之间，作为"非一非多"之关系。在这种方式之上，朱熹统合了两种模型。[17]

他因而进一步区分三种"体用模型"：一、在华严宗，"体"是指作为空性的理，而"用"涵盖一切法；二、在天台宗，每一个"法"都可以看作"体"或"用"；三、晚期朱子"将太极与气了解为体用关系，尽管他早年对此有所保留"[18]。尤其在说明朱子的"体用模型"的时候，任博克发展出其对朱子的《太极图说解》（此为朱子对于周敦颐的《太极图说》的解释）的诠释：

> 太极，作为至高无上的枢纽（Supreme Pivot），是内禀地诡谲的（intrinsically paradoxical），而这正是使之成为妙的关键所在。这正是周敦颐的文本首句所说之内容：它又显又隐，既是最小同时也是最大，它无处可寻又无所不在，它既是无形，又是一切法的决定性因子。它既是创造万物的根源，也是其形成的原理所在，也是和谐地促长的标准所在，但是这一切都是由于它是无，是无形，是无所说，是放任，而不能被看成为一种特定的物或是元素……这是动静两极的中间点，也是两者过渡的中间点所在。[19]

这里任博克旨在透过上述所言意义之"诡谲的相即"——他认为这在《太极图说》与天台宗是相同的——来证成他的所谓对于朱子的后期思想之天台式理解。他认为于"天台"言"一念心是即空即假之中"[20]

---

[17] Ziporyn, "The *Ti-Yong* 体用 Model and Its Discontents: Models of Ambiguous Priority in Chinese Buddhism and Zhu Xi's Neo-Confucianism," in Makeham, ed., *The Buddhist Roots of Zhu Xi's Philosophical* Thought, p. 236.

[18] John Makeham, "Monism and the Problem of the Ignorance and Badness in Chinese Buddhism and Zhu Xi's Neo-Confucianism," in Makeham, ed., *The Buddhist Roots of Zhu Xi's Philosophical* Thought, pp. 317–318.

[19] Ziporyn, "The *Ti-Yong* 体用 Model and Its Discontents," p. 244.

[20] 同前注，页212；依任博克所修润的翻译。

之时,即在于强调"三谛"之间的"诡谲相即"。然而,任博克进一步要为一个更极端的立场论证,他声称:"两端的枢纽同是……在一个不同的与附加的方式之上,也是吊诡的:它参与两端,统一它们,定义它们,但是同时在它们之上,超越它们,并不为于其中任何一者所包含。"[21]这种他所要揭示之更基本的诡谲性格,就是他认为天台宗与朱子后期思想所共有的立场。

实际上,《朱子语类》中可以找到这么一段朱子与弟子的对话:

> 林问:"'一故神,两故化',此理如何?。"曰:"两所以推行乎一也。张子言:'一故神,两在故不测;两故化,推行于一。'谓此两在,故一存也。'两不立,则一不可见;一不可见,则两之用或几乎息矣',亦此意也。如事有先后,才有先,便思量到末后一段。此便是两。如寒,则暑便在其中;昼,则夜便在其中;便有一寓焉。"[22]

这里清楚显示:当朱子尝试透过张载"一物两体"的论点来诠释《太极图说》时,目的在于描绘"宇宙的生成过程"。换言之,朱子的原来目标在于建立一套"儒家的宇宙论"。朱子之所以在此分际上回到张载,乃是由于张载是宋代"气学"的奠基人,"气"作为其基本概念,为朱子的"动态进路"提供动力的来源。换言之,只有借由张载所提出来的"气"之概念,朱子方能为"宇宙的生成过程"提供"动力来源"。

因此,从一个批判的观点出发,我们可以对任博克的声称提出下列的挑战。首先让我们审查一下任博克乃是如何理解华严的"体用模型"。正如他写道:

> "体"作为好比明镜的空性,即一切法,同时也并不是任
> 何一法。单单在这个意义上,它是一种介乎有与无之间的

---

[21] Ziporyn, "The *Ti-Yong* 体用 Model and Its Discontents: Models of Ambiguous Priority in Chinese Buddhism and Zhu Xi's Neo-Confucianism," in Makeham, ed., *The Buddhist Roots of Zhu Xi's Philosophical* Thought, p. 244.

[22] 同前注,页 245;黎靖德编纂:《朱子语类》,页 2512。

中间点，但是作为中点它并不是跟两端对立，因为它同时把
两者连结起来。它并没有超越对立面，反而立于对立面之
间去统一它们，而在此义上，它参与两端之中。㉓

不过，任博克对于华严的立场之描述并不正确，因为他完全忽略了
"体"作为空性与"用"作为一切法之间的"辩证的同一性"（dialectical
identity）。正如法藏所指出，这种"同一性"牵涉到一"三部曲"的发展
过程：一、"相违"；二、"不相阂"；三、"相作"㉔。关于"相违"，法藏
写道："以色违空故，若以互存必互亡。"㉕其次，在说明"不相阂"上，
他宣称："以色是幻，色不阂空，空是真空，必不阂色。"㉖最后，在阐述
"相作"的意义上，他说："若此幻色举体非空，不成幻色。是故色即
空，方得有色。"㉗十分明显，依法藏，一方面"相违"显示了"空"与
"色"之间的"差异性"，另一方面，"不相阂"与"相作"则显示了"空"
与"色"之间的"同一性"。换言之，于华严宗，这种存在于"空性"与
"色"之间乃是一种"差异性与同一性的同一性"（identity of difference
and identity）。其次，这是一种"发展的过程"（developmental
process）。所以这完全吻合黑格尔意义的"辩证的同一性"。然而，任
博克的解释完全是"静态的"（static），遑论能够看出这是一种"包含
差异性与同一性在内的同一性"。所以，其理解完全没办法符合华严
宗的"动态的""辩证的"进路。

其次，大概受到日本学者如安藤俊雄关于天台解释的影响，任
博克反而将天台宗的进路勾画为"辩证的"㉘。但是，这种解释完全
违背了天台的立场：一念心即空即假之中㉙。因为十分清楚，天台宗
原是肯定"三谛"的"诡谲相即"：这首先是"同时的"，而非历时的。
事实上，四明知礼就是透过"当体全是"一论点来说明这一种"诡谲

㉓ Ziporyn, "The *Ti-Yong* 体用 Model and Its Discontents," p. 206.
㉔ 法藏：《般若波罗密多心经略疏》，《大正藏》三三，553a–553b。
㉕ 同前注，553a。
㉖ 同前注，553a。
㉗ 同前注，553a。
㉘ Ziporyn, "The *Ti-Yong* 体用 Model and Its Discontents," p. 208.
㉙ 智顗：《金光明经玄义》，《大正藏》三九，7c。

的相即"③⓪。换言之,依天台,一切法"当体"全是"法性"(Dharmatā),这就是其言"一切法即空即假即中"的谛义所在。于此我们可以联想到,在西方哲学方面,当海德格宣称"存有'即'一切法"时⓷①,亦持有这"诡谲的相即"概念。反过来,这一相似性也可使我们看到:在"三谛"的"诡谲相即"中,也有类似海德格的立场,即"可能性"高于"现实性"。另一方面,黑格尔式的"辩证同一性"则预设了"现实性"优先于"可能性",因此属于与天台完全不相同的向度。

立足于龙树的"四句"(tetralemma),华严与天台的差别可以通过下列的方式来显示:一方面华严的"辩证的进路"以"A & -A"为焦点,因为其中所出现的"自相矛盾"乃是整个运动的动力来源;另一方面,天台却能够也将"-(A & -A)"的面向包含进来,而让"四句"同时成立。此中,四句合起来方能全面地表示出其所言"诡谲的相即"的"结构"。可是,任博克完全漠视了这一存在于华严与天台之间的重要的本质区分。

第三,"中"在天台只是一种结构性的概念,基本上是"空间性",从而是静态的。与此不同,朱子之所以重视"中",乃因其进路是动态的。然而,对此任博克似无所觉。事实上朱子强调:

> 注云:"推行乎一。"凡天下之事,一不能化,惟两而后能化。且如一阴一阳,始能化生万物。虽是两个,要之亦是推行乎此一尔。此说得极精,须当与他子细看。⓷②

十分明显,此中,朱子旨在讨论"宇宙的生化过程"。这表示其进路乃是动态的。然而,当智颢声称"一切法同时是空,是假,是中"的时候,其进路则纯属"静态的"。十分可惜,对此一差别任博克完全视而不见。

最后,上述的厘清可以帮助我们发现:在解说周敦颐的《太极图

---

③⓪ 参见陈荣灼:《"即"之分析——简别佛教"同一性"哲学诸型态》,《国际佛学研究》创刊号(1991),页1—22。

⓷① Martin Heidegger, *Was ist Das—Die Philosophie*? (Tübingen: Max Niemeyer, 1955), p. 25.

⓷② 黎靖德编纂:《朱子语类》,页2512。

说》时，朱子采取了张载的"一物两体"之学说作为基础，这明显地显示其关怀乃是志在发展一套"儒家宇宙论"。另一方面，智颛之所以引进其"三谛圆融说"，其目标则在于成就一套"佛家存有论"。前者是动态的，后者则是属于结构性。朱子的进路，如同华严宗，乃是"动态的"，因此，他完全跟天台宗的静态进路南辕北辙。非常遗憾地，任博克对此重大差异全无所觉。

更一般而言，任博克根本没有辨认出朱子的"气"一概念实际上具有双重意义。正如我在别的场合早已展示，于追随程颐的"气"（下文作"气（1）"）之外，朱子还承借张载意义的"气"（下文作"气（2）"）。简要而言，一方面"气（1）"基本上是一种"材质意义的气"（material force），而另一方面，"气（2）"首先是一种"作为落实力量之气"（actualizing force）。在功能上，"气（1）"跟"气（2）"的差异，与亚里士多德所言的"质料因"（material cause）跟"动力因"（efficient cause）的分别可谓"等价"[33]。因此之故，在解释朱子的《太极图说解》时，任博克没有办法辨认出朱子的进路乃是一种"存有-宇宙论"（onto-cosmological）的性格。实际上，在"存有论"层次，朱子主张"太极/理"是"体"，而"气（1）"是"用"（此中太极在逻辑上乃先于气），然而在"宇宙论"的层次，他视玄妙的"太极"为"体"，而作为太极所乘的"气（2）"则是"用"（此中太极在时间上乃先于气）。无可否认，这里"太极"是与"气"同时俱在。可是必须要指出的是："太极""理""气"的"不可分离性"，并不能与天台所言的、存在于"体用"之间的"同一性"，混为一谈，理由是它并非"诡谲的"。而且十分清楚，对朱子而言，"气（1）"与"气（2）"均由"理"所生。事实上，任博克倾向将"太极"了解为一种"推动者"（enabler）[34]，不过由于任博克忽略了朱子意义的"气（2）"之存在，所以他无法说明在何种意义上"太极"能够成为"推动者"。

更重要的是，任博克将"中"等同于"太极"。然而，在《太极图说解》中，朱子作出了下面的解释：

---

[33]　更多关于此论点的论述，请参见陈荣灼：《程伊川与朱子之基本分歧：一希腊哲学的视点》，《"中央大学"人文学报》第 55 期（2013 年 7 月），页 75—105。

[34]　Ziporyn, "The *Ti-Yong* 体用 Model and Its Discontents," p. 247.

"中"="○之用所以行"

"正"="○之体所以立"㉟

正如梅约翰所指出：在高层的"太极"是以○来代表㊱。准此而观，对于上述的两行文字应该有如下之了解：

"中"乃是实施太极功能之根据。

"正"乃是建立太极为实体的根据。

十分清楚，于朱子，所谓"中"乃是隶属于太极之"用"这一方面，而并非属于作为"体"的"太极"本身。质言之，"太极"乃是"体"，而"中"则属于"用"，"体"跟"用"层次不同，因此不能相混。准此而观，任博克这里将"太极"视为"中"之举动实际上乃是混淆了朱子意义的"体"与"用"。

基本上，朱子所言之"中"的意义清楚地见诸下列的名言：

中者，不偏不倚，无过不及之名。㊲

毕竟，跟任博克的"天台解"相反，根本没有任何"文本"上的证据可以用来支持其论点：天台宗将"中"了解为一切法的"至高无上的枢纽"。此外，将"中"视为核心概念之时，任博克把天台宗带往作为一种"基础主义"（foundationalism）的立场。但这跟天台原来的立场背道而驰。理由是正如牟宗三所洞见：整个天台学说乃是建基在《维摩诘经》之"从无住本立一切法"一论旨上㊳。这是说，天台根本上是反对"寻本的进路"（ground-searching approach）。事实上，将"中谛"等同于"心"之时，天台宗从未将之视为一切法之"本"（根据）所在。何

㉟　朱杰人等编：《朱子全书》（上海：上海古籍出版社，2002），第 13 册，页 71。

㊱　Makeham, "Monism and the Problem of the Ignorance and Badness in Chinese Buddhism and Zhu Xi's Neo-Confucianism," p. 306.

㊲　朱杰人等编：《朱子全书》，第 6 册，页 32。

㊳　参见牟宗三：《佛性与般若》下册，《牟宗三先生全集》，第四册，页 677—766。

况于将"中"视为"终极基础"之时，其实任博克还犯了将天台宗视为一"唯心论"（idealism）的错误解释立场。准此，这显然是一种误导的做法。

无可否认，朱子并非一个"唯心论"者，在他眼中一切法的根源乃是"太极"，而非"心"。此外，朱子亦从未将"太极"称为"中"。在说明"太极"与"万物"之间的关系时，他只是写道：

> 一理之实而万物分之以为体，故万物之中各有一太极。[39]
>
> 合而言之，万物统体一太极也。分而言之，一物各具一太极也。[40]

在本质上，"太极"是遍及万物，所谓"物物有一太极"[41]。此外，与华严宗相似，朱子所言的"性"乃是"纯善的"。于此点上，朱子跟华严一道，而与天台有本质上的分歧。因为众所周知，天台宗倡言"性恶"。十分可惜，对于这一关键性的差别，任博克亦是视而不见。

总括而言，很难找出任何文本上的证据来支持任博克的声称："中"于朱子与天台所言之"中"乃是"同义"。反而就文本所见，朱子是在两种不同的意义上使用"中"一词。首先，他说："喜怒哀乐之未发谓之中。"其次，在他眼中，"中"意谓"无过不及"。这跟亚里士多德的立场相近。与此不同，天台宗所言之"中"义乃是透过"四句"来表达：A 是实，A 不是实，A 同时是实与非实，A 既非实也非非实。更不待言，这里"中"乃是与"假""空"相即而成。

准此，我们可以说，正如华严的"体用模型"，朱子的"体用模型"乃是一种"动态的"发展过程。换言之，他在本质上是落在时间性的向度。这跟结构性、空间性的天台宗体用模型完全相异。这一切证明了朱子的后期思想是跟华严宗相近，而跟天台宗南辕北辙。

㊴　黎靖德编纂：《朱子语类》，页 2409。
㊵　朱杰人等编：《朱子全书》，第 13 册，页 74。
㊶　同前注，第 17 册，页 3122。

四

在"Monism and the Problem of the Ignorance and Badnesss in Chinese Buddhism and Zhu Xi's Neo-Confucianism"（中国佛学与朱熹新儒学中一元论及无知与恶的问题）一文中，梅约翰的主要目的是要展示：与中国佛教不同，"朱子能够通过下列的方式来在一个一元论的存有论说明恶的根源：它提供了一种强而有力的立场来肯定现象世界、生活世界作为伦理实践的基础"[42]。在证成这一论点上，梅约翰提出下面的论证：依循《大乘起信论》的进路，特别是"一心开二门"的立场，朱子为解决"恶之根源"，提出了一个崭新的解答，其中特别见诸其对周敦颐《太极图说》的解释上。

无疑，我们可以同意梅约翰的论点：朱子对于"恶的根源"一问题的解答，跟天台宗"恶的根源"的主张，是有所相似的，相似处在于两者都能够面对人的"黑暗面"，尤其在于两者为"恶的根源"提出说明的分际上。可是，这并没有影响到我们认为华严宗与朱子的晚期思想存在一种"基本的相似性"，理由有两点。首先，正如玉城康四郎所洞见：华严宗的"性起系统"肯定"性起唯净"[43]。与此相类，作为孟子的信徒，朱子明显地主张"性善"；与此不同，天台宗立足于"一念无明法性心"的概念宣称"佛性有恶"。一言以蔽之，一方面，对于朱子与华严宗而言，"恶"或者"迷"，都是"外在于"（extrinsic）人的存有；另一方面，在天台宗眼中，"恶"是众生"实存-存有论的可能性"（existential-ontological possibility）。

其次，我们可以接受梅约翰声称，朱子的"立场与这两个主张类同：（1）山外的主张，即恶的分位是在'现象'（事）而不是在'理'；（2）山家之'理事互具说'，以及其对现象界（事法界）的正面肯定"[44]。可是，我们不应该忘记：山外的立场乃是从华严的角度来解

---

[42] Makeham, "Monism and the Problem of the Ignorance and Badness in Chinese Buddhism and Zhu Xi's Neo-Confucianism," p. 278.

[43] 玉城康四郎：《华严の性起に就いて》，收入宫本正尊等编：《印度哲学と佛教の诸问题》（东京：岩波书店，1951），页281—309。

[44] Makeham, "Monism and the Problem of the Ignorance and Badness in Chinese Buddhism and Zhu Xi's Neo-Confucianism," p. 306.

释天台理论。正如牟宗三所指出:"山外之所以为山外,即在于以华严之思路讲天台,视'介尔一心'为真心。"[45]事实上,这也正是四明知礼所以反对山外的主要理由所在。因此之故,上述梅约翰所指出的朱子后期思想与山外主张之相似性,反而应该证成了我们的论点。同时,山外与山家的本质分歧,也支持我们对梅约翰的声称有所保留。

从一个批判的角度出发,我们还可以对梅约翰提出下列的挑战。首先,梅约翰将朱子的存有论勾画成一种"理气两极的一元论"(*li-qi polar monism*)之做法难以成立[46]。理由是:朱子明确地指出"太极生阴阳,理生气也"[47],这清楚地显示,朱子的"存有论"(ontology)于本质上是一"理一元论"(*li-monism*)。无疑,我们可以在这一点上同意梅约翰的观察:"气是倚待理方能生出各种的事法。"[48]但这反而是朱子"宇宙论"(cosmology)的任务所在。在这程度上,我们可以说朱子乃是坚持"理"与"气"之不相离性。实际上,朱子对《太极图说》的解释构成了他一己的"本体宇宙论"(onto-cosmology)。准此而观,梅约翰所做出的勾画乃是源自他漠视了朱子的宇宙论向度所致,这也同时归咎于他忽视了朱子之"气(2)"的存在。

事实上,梅约翰对宗密(780—841)《禅源诸诠集都序》中的《十重图》于周敦颐制作《太极图说》的影响,也感兴趣,此中他特别引述了在敦煌发现的五代十国版本[49]。不过,如果梅约翰的目标乃是在于探讨宗密与朱子新儒学的关联,那更好的做法是回到宗密的"宇宙生成论"(cosmogony)。于《原人论》中,宗密将太极视为气之形成的根源:"气形之始,即太极也……阴阳相合方能生成矣。"[50]尤其是人类,可谓已经具有气质之性。另一方面,朱子对孟子缺乏"气质之性"一概念,做出猛烈的批评:"孟子说性善,但说得本原处,下面却不曾说

---

[45] 牟宗三:《佛性与般若》下册,《牟宗三先生全集》,第四册,页1133。

[46] Makeham, "Monism and the Problem of the Ignorance and Badness in Chinese Buddhism and Zhu Xi's Neo-Confucianism," p. 321.

[47] 朱熹:《太极图说章句上》,《周子全书》(台北:广学社印书馆,1975),页7。

[48] Makeham, "Monism and the Problem of the Ignorance and Badness in Chinese Buddhism and Zhu Xi's Neo-Confucianism," p. 314. "It is by virtue of *li* that *qi* is able to transform into all kinds of phenomena."

[49] 见同前注,页341—344。

[50] 宗密:《原人论》,《大正藏》四五,709a。

得气质之性，所以亦费分疏……若不论那气，这道理便不周匝，所以不备。若只论气禀，这个善，这个恶，却不论那一原处只是这个道理，又却不明。"[51]尽管宗密本人在此一脉络中并没有以处理"恶"之根源作为主题，可是朱子对于宗密著作之熟识，却启发他接受伊川对此问题的答案[52]。所以，尽管我们可以同意梅约翰的论点：朱子最后是透过"气质之性"的提出来解决"恶之根源"一问题，不过在底子里朱子很可能是接受了宗密主张的影响，而不是像梅约翰所讲是受到天台宗立场的驱使，方做出这样的回到伊川之举动。众所周知，作为清凉澄观之弟子，宗密乃是华严宗的第五祖，而更重要的是：虽然朱子与天台同样对解决"恶之根源"问题感兴趣，但是两者之间存在以下两点本质差异。首先，一方面，天台宗——如海德格般——将无明/非真实性同样地归属于人的"存有结构"（ontological structure），因此天台宗并不主张"性善"；另一方面，朱子作为孟子的信徒，却严守"性善"之立场。其次，对于天台而言，"无明"并非一道德概念；但与此相反，作为儒家之徒，朱子首先将"恶"理解为"道德义"。

　　这一切都显示了：于主张"性恶"或"性善"上，朱子与天台宗的立场根本是南辕北辙，甚至水火不容。同时，朱子最后也跟宗密决裂，从而将其佛家的"宇宙生成论"改造为新儒家的"本体宇宙论"。在"存有论"的层次上，朱子根本反对宗密之视"真心"作为一切法根源之立场——这跟他批判陆象山"唯心论"的举动完全一致。职是之故，他通过存在于"不可见的理"与"可见的气"之间的"存有论差异"来理解"太极"与"气"（阴阳）的关系。而在"宇宙论"的层次上，他不但视"理"作为"气"的根源，也暗中将《易经》所言的"元、亨"的一面，理解为"气（2）"的作用，同时通过"气（1）"来说明其中"利、贞"的一面。可以说，朱子正是以这种途径来综合张载跟程伊川的"气论"。无论梅约翰从《十重图》推出什么结论，他对宗密跟周敦颐之间关联的发现，反而支持了我的论点——朱子新儒学的提出是受到华严宗

---

　　[51]　黎靖德编纂：《朱子语类》，页70。

　　[52]　Makeham, "Monism and the Problem of the Ignorance and Badness in Chinese Buddhism and Zhu Xi's Neo-Confucianism," p. 335. 更多关于朱子与宗密之间的关系之讨论，请参见冉云华：《宗密》（台北：东大图书，1988），页260—261。

的影响。

最后，当梅约翰为朱子辩护，说朱子并没有提出一种道德的决定论之时，他可能更应该对牟宗三之批评朱子无法为道德实践提出一个"必然的"保证，作一反省[53]。尽管朱子并没有提出一如象山义的"本心"，然而建基于横渠义的"气"（="气（2）"），他也可以提出一种能够使"理"落实的"统一力量"来。于此关键上，还可以同时看出朱子义的"本心"或"道心"，为什么跟《大乘起信论》的"本觉"都可以成为"成圣"或"成佛"的"可能根据"。众所周知，《大乘起信论》的"如来藏缘起说"，乃是华严成立的基础所在。在这一点上，也可以一再支持我们的论点：朱子晚期思想与华严宗，存在一本质的相似性。

五

在安靖如以"Buddhism and Zhu Xi's Epistemology of Discernment"（佛教与朱熹的识别知识论）为题的一章中[54]，除了需要把当中四种"横摄"的认知模式重新排序之外，还必须正视其在处理朱子所言的"觉"这种"立体"的认知模式上的不足之处。更精确而言，安靖如未能适当地把朱子的"识别知识论"（epistemology of discernment）与"觉知理论"（doctrine of enlightenment）联系起来。

安靖如所面临的"困境"（predicament）如下：

一方面，安靖如将朱子的知识论勾画成一"识别知识论"，这意味朱子的知识论进路预设了"主客二分"的格局。

另一方面，安靖如认为朱子的"觉知"概念乃是一种"超主客对立"的认识方式。此中，是把"部分"关联到"整体"去。

我们采取的进路，与安靖如不同。以下将会展示，如何借助于华严宗的"十重唯识"理论，可以建立出一个关于朱子知识论的正确整

㊼　参见牟宗三：《心体与性体》第三册，《牟宗三先生全集》，第七册，页7。

㊾　Stephen C. Angle, "Buddhism and Zhu Xi's Epistemology of Discernment," in Makeham, ed., *The Buddhist Roots of Zhu Xi's Philosophical Thought*, pp. 156–192.

体观。

安靖如本来要得到的结论是："尽管于众多层面上，佛学整体地对道学有影响，对朱熹之影响尤甚，但朱熹依然正确地视其知识论为对大慧（1089—1163）激进禅学进路的排斥。"[55]这一章的特别之处，在于安靖如不单强势地展示了朱子的知识论进路，还同时提供了一种关于在朱子之前存在于佛学与儒教之间的互动历程。大体上，安靖如指出此中包含了"四重"的儒佛互动关系。第一重是关于"日趋成为核心的'佛性''道心'的角色、对整体论与互为主体性的重视"[56]。众所周知，这三者都是中国佛教的主要特色，而且，这些都是源自中国传统儒家思想，在接纳来自印度佛教的过程中所起的影响所致。第二重是"唐朝儒佛道三教合一的逐渐形成"[57]，这特别见诸采用来自《易经》中如"穷理尽性"等名词来翻译佛典中概念的举动中。在此脉络中，汉人对佛教的解释已远超出"格义"的阶段，而且已经主动地从中国哲学传统中提出相应的概念来进行诠释。第三重是"早期道学之代表性人物于吸收佛教的主要观念、名词和诠释上，同时对佛教作出批判"[58]，著名的例子，就是伊川强调在道德实践中"格物致知"之必要角色。此说可谓下开朱子以知识论建构"伦理形上学"的进路。最后，第四层是朱子本人与佛教的互动，此中朱子成就了其"识别知识论"。总而言之，安靖如介绍了从隋唐到宋朝之儒佛间互动的背景，这对于西方读者来说，贡献甚巨，同时也交代了缘何朱子会聚焦于知识论的进路来发展其儒学系统。

安靖如指出，基本上朱子的知识论将知识分成三类：

第一类：人们知道什么是"当然之则"。

第二类：当人看到一种"当然之则"的个例，马上不容已地去做。

第三类：人们觉知到事物的"所以然之故"，而恰当地以之对应当

---

[55]　Stephen C. Angle, "Buddhism and Zhu Xi's Epistemology of Discernment," in Makeham, ed., *The Buddhist Roots of Zhu Xi's Philosophical Thought*, p. 157.

[56]　同前注，页158—159。

[57]　同前注，页159。

[58]　同前注，页160。

下面对的情况。(59)

然后安靖如论证道：虽然“在认知的过程中，不一定依循下面的连续秩序：第一类 →第二类→第三类；但在不同的途径，第一类跟第二类可以用以发展出第三类”(60)。可是，正如我先前已指出，与安靖如的排序方式不同，朱子原来的顺序应该如下：

第二类→第三类→第一类

我们之所以要更改安靖如的排序方式，乃由于他忽略了第二类知识基本上是一种“情知”(emotive knowing)。正如朱子所宣称：“四端情也。”(61)更重要的是，安靖如完全不知道“第二类知识”乃是一种“先于反思”(pre-reflective)的认识模式。例如：当看到孺子将入于井时，人们会不加思考地马上扑过去拯救孺子。这显示出恻隐之心乃是一种“先于反思性认识模式”。相当清楚，这是发生在通过“反思”去“格物致知”来“穷理”的程序之先。

我对安靖如的排序方式之修正，基本上是关乎“认知上的顺序”(epistemological order)，此中主要的问题是“伦理知识如何可能”。论者或可基于以下《大学补传》中朱子的论点，对我上述的修正加以挑战：

> 是以《大学》始教，必使学者即凡天下之物，莫不因其已知之理而益穷之，以求至乎其极。至于用力之久，而一旦豁然贯通焉，则众物之表里精粗无不到，而吾心之全体大用无不明矣。(62)

论者可以作出下列的怀疑：“此一引文好像显示说，个中的认知应该

(59) Stephen C. Angle, "Buddhism and Zhu Xi's Epistemology of Discernment," in Makeham, ed., *The Buddhist Roots of Zhu Xi's Philosophical Thought*, p. 176.

(60) 同前注，页 176。

(61) 黎靖德编纂：《朱子语类》，页 89。

(62) 朱杰人等编：《朱子全书》，第 6 册，页 20。

以第一类知识为出发点。换言之,依循一规范或原则而以第三类知识为终点,就是说能够将其所以然之故展示出来。"可是,此一挑战并不成立,理由是:于上述引文中,朱子乃是在讨论"如何"去"格物",从而把"理"找出来。所以,与"第二类知识"乃是一种"先于反思性认识模式"有所不同,这种"程序"基本上是一种"反思性的认识模式"。实际上,只有在"反思性认识模式"中,才会以"当然之则"作为在行动中的出发点,而这正是朱子伦理学"知性主义"进路的特色。但是,人们不应该因此就忽略在前之"先于反思性认知模式",否则就会重蹈安靖如的覆辙。

现在我们主要的焦点放在对朱子知识论的"整体本性"做一厘清。正如安靖如一文的题目所显示,他是将朱子的知识论勾画成一种"识别的知识论"。从"识别"(discernment)一词的意义可知其中是预设"认知主体"与"所知对象"的"二分格局"。这显示在安靖如眼中,朱子所言的"知识"乃是一种"客观的知识",此正如牟宗三在将朱子与法相宗相提并论时所显示的[63]。换言之,此种知识之可能性预设了"主客二元"对立。不过,当在论及朱子的"觉"(awakening)的时候,安靖如引述了下列朱子的原典:

> 先觉后觉之觉,是自悟之觉,似《大学》说格物、致知豁然贯通处。[64]

> 觉,则是忽然心中自有所觉悟,晓得道理如此。[65]

正如安靖如所承认,这一种能够"豁然贯通"的"觉知"旨在切入"一理"跟"万理"之间、"一理"与"万物"之间的"整体性"之"相互关联"[66]。在解释这种可能性上,安靖如还引用了下列的文本:

---

[63] 参见牟宗三:《心体与性体》第二册,《牟宗三先生全集》,第六册, 页 481—496;《心体与性体》第一册,《牟宗三先生全集》,第五册,页 617。

[64] 黎靖德编纂:《朱子语类》,页 1363。

[65] 同前注,页 376。

[66] Angle, "Buddhism and Zhu Xi's Epistemology of Discernment," p. 185.

> 如今人理会学,须是有见闻,岂能舍此?先是于见闻上
> 做工夫到,然后脱然贯通。盖寻常见闻,一事只得知一个道
> 理,若到贯通,便都是一理。[67]

此展示了这一种的"觉知"之所以能够透过"部分"来掌握"整体",关键乃在于其为一种"超主客对立"的进路。可是,在采用"识别的知识论"一词上,安靖如并没有办法照顾到"识知"(knowing)与"智知"(awakening)之间的本质差异。基本上,后者乃是"直观的"(intuitive)而非"辩解的"(discursive)。或有论者试图为安靖如使用"识别"一词辩护说:"识别"一词不一定预设了"主客对立的格局"。针对此一诘问,我们可以这样回辩:在日常用语上,没人会反对"识别"(discernment)跟"分别"(discrimination)两词是可以互换的。必须注意的是,在翻译佛家术语 avikalpajñana 一词时,所采用的乃是"无分别智"。然而,大概没有人会同意"识别"一词在语意上是包含了"分别"与"无分别"两义。

另一方面,我们可以回想下列华严宗的著名论点:

> 又此华叶一一尘中,各有无边诸世界海,世界海中复有
> 微尘,此微尘内复有世界。如是重重不可穷尽,非是心识思
> 量境界。如帝释殿天珠网覆,珠既明彻互相影现,所现之影
> 还能现影,如是重重不可穷尽。经云,如因陀罗网世界。[68]

这是说,我们可以从一微尘看到整个宇宙。于此义上,朱子的后期思想与华严宗在结构上共享了"一即一切,一切即一"的立场。

然而,要掌握到"一即一切,一切即一"的境界,一定要超越出主客对立的格局。正如《华严经》所指出:

> 帝网差别者。唯智能知,非眼所见。[69]

---

[67] 黎靖德编纂:《朱子语类》,页 2519。

[68] 法藏:《华严经旨归》,《大正藏》四五,594b。

[69] 同前注,594b。

十分可惜,安靖如并没有注意到:朱子所言的“觉知”乃是可以跟华严宗中的“智”同样是超出主客对立的认识方式。再者,透过华严宗所说的“十重唯识观”,我们可以发现一种综合“客观性”与“非客观性”的认识模式之途径(70)。其中,最初的“五重”(这已为唯识宗所言及)乃是属于“客观性”的认识模式,而后“五重”(此为华严宗所后加)则是属于“非客观性”的认识模式。换言之,后者是一种“觉知”(awakening)。此可以帮助我们看出:朱子知识论整体而言,既包含“客观性的认识模式”,也包含“超出主客对立的觉知模式”。准此而观,只有通过华严宗的“十重唯识”,我们才可以真正了解朱子知识论的广泛性与强度。换言之,通过华严宗的“十重唯识”,可以帮助我们看出于朱子的认识论中,前四种的“横摄面”(horizontal)的“识别模式”是如何跟其他“纵贯面”(vertical)的“觉知模式”关联起来。尽管朱子对于“横摄面的认识”跟“纵贯面的认识模式”,并没有像华严于“十重唯识观”中那么细分,但基本上其认识论依然是包含了跟“横摄面的认识模式”相应的“客观性认识模式”,以及跟“纵贯面的觉知模式”相应的“非客观性的认识模式”。在这一种广义的区分上,朱子的知识论跟华严宗的“十重唯识观”有一种对应的关系。就此而言,牟宗三只满足于将朱子与法相宗相提并论的做法,显得有所局限而未能忠于朱子之立场的本来面目(71)。

六

正如华严宗建基于“法界缘起说”之上,朱子以“理一分殊”作为其成熟的新儒家思想之核心所在。无疑,我们并没有将两者视为等

---

(70) 十重唯识:(1) 相见俱存;(2) 摄相归见;(3) 摄数归王;(4) 以末归本;(5) 摄相归性;(6) 转真成事;(7) 理事俱融;(8) 全事相入;(9) 全事相即;(10) 帝网无碍。见法藏:《华严经探玄记》,《大正藏》三五,346c－347b。亦参见:Imre Hamar, “Deconstructing and Reconstructing Yogācāra: Ten Levels of Consciousness-only / One-Mind in Huayan Buddhism,” in Robert Gimello, Frédéric Girard and Imre Hamar, eds., *Avataṃsaka Sūtra in East Asia: Origins and Adaptation of a Visual Culture* (Heidelberg: Harrassowitz Verlag, 2012), pp. 53－71。

(71) 牟宗三:《心体与性体》第二册,《牟宗三先生全集》,第六册, 页 481—496;《心体与性体》第一册,《牟宗三先生全集》,第五册,页 617。

同,朱子与华严宗之间实际上明显存在本质性的差异。特别是尽管两者都是一种"同一性哲学",可是其关于"同一性"的概念却有所分别:朱子的"同一性"乃是一种"分析性同一性",华严宗的"同一性"则是一种"辩证的同一性"。简单而言,"分析性同一性"一定遵守"矛盾律","辩证的同一性"则跨越了"矛盾律"之范围。

作为总结,我们可以回到牟宗三的"宋明儒学三系说":(1)以陆象山与王阳明为代表的"心学",(2)以程伊川与朱子为代表的"理学",以及(3)以胡五峰(1105—1161)与刘蕺山(1587—1645)为代表的"性学"。正如我以前所指出,在三者之中,只有"性学"可以作为天台宗的"对应"(counterpart)[72]。因此之故,尽管如梅约翰与任博克所指出,朱子与天台之间具有相似性,但我们不应因此认为在本质上朱子跟天台更为接近。反而,从上述的分析,我们可以看到朱子跟华严宗有更本质性的相似之处,而且在言及朱子的"佛学根源"(Buddhist roots)上,我们首先是要回到华严宗。于此,我们对于牟宗三所言,"朱子是新儒家中的法相宗"一论旨,必须有所修正,理由是唯有这样才可以建立出关于朱子新儒家思想正确的形象,所以,于此点上,我们必须排拒牟宗三对朱子之误判。也在此一分际上,我们可以重新肯定朱子在儒家的正统地位。可以说,在中国哲学史上,朱子是第一个能够做到以"跨文化"(trans-cultural)的方式来跟印度哲学沟通的中国哲学家,且从而建立新的儒家学说[73]。准此而观,牟宗三的《心体与性体》必须重写[74]。

---

[72] Wing-cheuk Chan, "Mou Zongsan's Typology of Neo-Confucianism: Its Hidden Sources," in Yolaine Escande, Vincent Shen, and Chenyang Li, eds., *Inter-Culturality and Philosophic Discourse* (Newcastle upon Tyne: Cambridge Scholars Publishing, 2013), pp. 147‑162;亦参见: Wing-cheuk Chan, "Heidegger and Liu Jishan in Encounter," *Journal of Chinese Philosophy* 41(2014), pp. 442‑453;汉译见陈荣灼:《气论与宋明儒三系说新解》(新竹:清华大学出版社, 2023)。

[73] 参见陈荣灼:《从跨文化的角度看朱熹之划时代贡献》,"中研院"文哲所访问学人讲座,台北,"中研院"文哲研究所,2021年1月7日。

[74] 笔者正在撰写一本关于朱子思想的专著,而此著作将为朱子带来一个既崭新又公平的形象。该书概要,可参见陈荣灼:《朱熹的孟子学:从诠释到发展的进路》,《当代儒学研究》2021年第30期,页1‑40;Wing-cheuk Chan, "Zhu Xi's Appropriation of Mencius's Thought: From a Hermeneutic to a Developmental Approach," in Yang Xiao and Kim-chong Chong, eds., *Dao Companion to Mencius's Thought* (Berlin: Springer, 2023), pp.159‑178。

佛教的空仅仅是抒意字吗？
牟宗三佛家体用义之再衡定

耿　晴*

内容提要：本文检讨牟宗三在作为《心体与性体》附录之《佛家体用义之衡定》长文中的细部论证，尝试反驳牟宗三认为以《大乘起信论》为核心的中国华严圆教哲学中并无类似儒家的体用义。本文主张：无论就染法的缘起（真如随缘为阿梨耶识）或净法的缘起（真如的称性功德），染净法与作为体的真如之间的确存在真实的体用关系。据此，本文对于牟宗三的儒家诠释提出检讨：他误用了佛教的框架来理解儒家哲学，不仅未能成功地说明儒、佛差别，对朱熹的批判也欠公允。

关键词：牟宗三，《佛家体用义之衡定》，体用，《大乘起信论》，法藏，朱熹，儒佛差别

一、前　言

　　牟宗三先生是当代新儒学巨擘，其对于儒家哲学的诠释结构整然，令学者一目了然宋明理学各个学派的主要差异。就哲学诠释的清晰度、深度和广度而言，笔者一直认为牟宗三是 20 世纪中国哲学诠释的第一人。然而另一方面，笔者在自身的佛学背景下重读牟宗三的著作，时常深感不安，觉得牟宗三对于孟子和王阳明的解释和笔者熟悉的传统《大乘起信论》（以下简称《起信论》）诠释①如出一辙。因此数年前写作《"道体活不活动"源自于佛教的争论？——从佛学角度检讨牟宗三关于宋明理学分系的判准》一文，尝试指出牟宗三虽然一再强调要恰当理解儒家必须透过康德，但其实他儒家哲学诠释背

---

* 台湾大学哲学系副教授。（电邮：ckeng@ntu.edu.tw）

　　① 本文所谓《起信论》指的是根据法藏诠释下的《起信论》思想。近年来笔者倾向认为法藏的诠释并非《起信论》的原意，参见本文末简要的说明。

后真正的根柢是佛教哲学，特别是建立在法藏《起信论》诠释下的"真如随缘"的思路。也就是说，牟宗三其实是用佛家《起信论》的体用概念来理解王阳明心学中"心即是理"的命题，成立了"心体"的概念，并且据此理解孟子的"本心"、贬抑朱熹的理学[②]。

然而该文的主张会面临一个挑战：如果牟宗三成功地主张佛家的空仅仅是抒意字、不具有"心体"的意涵，则佛家（包含《起信论》）的体用关系和儒家（特指阳明的心学）的体用关系间会存在显著差异，如此则我的前述主张面临危机。基于这样的问题意识，本文将检讨牟宗三对于佛家"空""真如"概念的理解，并且主张：牟宗三用抒意字来理解印度的中观学与唯识学的"空"并无疑义；但是《起信论》的"真如"具有明确的实体意涵，绝不能用抒意字来理解。本文将尝试说明：就体用关系来说，牟宗三理解下的《起信论》和陆王心学并不存在重大差异。如果这个尝试成功，则笔者前述的论点仍可以成立。

以下本文聚焦于牟宗三作为《心体与性体》附录之《佛家体用义之衡定》（以下简称《衡定》）长文，检讨牟宗三是否成功地区分了儒家体用义和佛家体用义[③]。要理解牟宗三对于体用的观点，《衡定》一文至为关键，本文同意赖贤宗所说，牟宗三关于体用义衡定的讨论经历了三个时期[④]，然而大体不出《衡定》一文的规模[⑤]。

《衡定》一文近 90 页，其中牵涉非常多佛教哲学的专业内容，使过去几十年来关于此文的检讨几乎付之阙如，主要仅有林镇国和赖贤宗。其中林镇国虽然对牟的行文论证有些不满[⑥]，但似未对于牟宗

---

② 见耿晴：《"道体活不活动"源自于佛教的争论？——从佛学角度检讨牟宗三关于宋明理学分系的判准》，《中国哲学义理的诠释类型与论争》（台北："中央研究院"中国文哲研究所，2019），页175—200。近年来也有曾帆与笔者观点不谋而合，见曾帆：《"自律"与"性觉"——论牟宗三宋明理学判教中的问题意识》，《中国文哲研究集刊》第57期（2020年9月），页63—101。

③ 牟宗三：《佛家体用义之衡定》，《心体与性体（一）》，《牟宗三先生全集》第5册（台北：联经出版社，2003），页599—688。下文凡引用《衡定》，均直接在引文后标明出处，不另出注。

④ 三个时期分别为：（1）《衡定》时期（1968—1969）；（2）《佛性与般若》（1977）；（3）《中国哲学十九讲》（1983）、《圆善论》（1985）。见赖贤宗：《体用与心性：当代新儒家哲学新论》（台北：台湾学生书局，2001），页174。

⑤ 同前注，页222—223。

⑥ 如说"牟氏的解释，极尽玄辨之能事"，见林镇国：《空性与现代性：从京都学派、新儒家到多音的佛教诠释学》（台北：立绪出版社，1999），页116。

三的结论提出异议，如说："在层层辩证之后，牟氏判定天台与华严圆教实无所谓体用，即使言体用，亦只是虚说。就这一点来说，中国佛教实未远离印度佛教"[7]；"对于天台、华严和禅宗，牟氏处处辩示此三家都不能以实有之本体论说之……换言之，体用只能就修行实践说，不能就本体论的意义说"[8]。

赖贤宗以两篇论文分别检讨不同时期牟宗三关于体用的主张。其中《近五十年来台湾当代新儒家哲学之研究与前瞻》检讨较早的《衡定》（1968—1969）一文中的体用义；而《牟宗三论体用纵横》则检讨较晚的《佛性与般若》（1977）、《中国哲学十九讲》（1983）、《圆善论》（1985）中的体用义。赖文关于《衡定》的检讨并未深入到细节，而仅仅陈述"继承了熊十力对于佛教的批判的基本方向，牟宗三论佛教的体用义与圆教的结论是佛教圆教仍归于'圆融地灭，圆融地出世'"[9]，并且结论说："牟宗三对于佛教体用义的批判是默认了他对于儒佛体用义的分判，亦即，默认了佛教圆教是纵贯横讲而儒家圆教则是纵贯纵讲的分判，默认了佛教是作用的保存和儒家是实体创生的分判。"[10]在此文中，赖贤宗并未深入到牟宗三的细部论证中，更未能从内部论证出发批判牟宗三关于儒家和佛教体用义不同的主张。不同于赖贤宗，本文则认为：《衡定》其实是牟宗三有意识地尝试去证明儒家和佛教体用义如何不同，因此我们应该深入到细部论证中，仔细检视牟宗三究竟是否证成了他的主张。

从《衡定》来看，牟宗三在写作《心体与性体》时，即对于佛学有相当深入的了解[11]。此文篇幅很长，论证繁复，并不容易清楚看出牟宗

---

⑦　林镇国：《空性与现代性：从京都学派、新儒家到多音的佛教诠释学》，页105—106。

⑧　同前注，页117。

⑨　赖贤宗：《近五十年来台湾当代新儒家哲学之研究与前瞻》，《体用与心性：当代新儒家哲学新论》，页233。

⑩　同前注，页234。

⑪　如有论者想要主张牟宗三先作《心体与性体》，后作《佛性与般若》，因此不可能主张牟宗三的儒家诠释受到佛学影响，则我的回应是：这样的主张在时间上是有问题的，因为根据《衡定》一文来看，牟宗三显然在完成《心体与性体》时，对于佛学已经有相当深入且全面的理解，甚至意识到佛家体用问题可能对他的儒学诠释造成威胁，因此才写此长文作厘清。

三论证的核心主旨⑫。以下本文将尽可能仔细检查牟宗三每一步的论证，希望能够公平地重建牟宗三的论证，并且进行批判性的再衡定。出于这个考虑，以下本文将不厌其烦地一再长篇引用牟宗三《衡定》，希望能够清楚且完整地呈现他的论证。

在进行以下的讨论前，本文先提出一个方法论的反省。牟宗三的体系严谨完整，各个不同部分，例如儒家、康德、佛家圆教等等皆互相征引，形成一套互相支持且看似融贯的体系。由于这个缘故，论者很难跳出他的体系而进行批判性的思考。本文认为比较好的方式是，一篇一篇文字仔细检讨牟每一个细节的论证。例如本文先检讨《衡定》。未来则可以再进一步检讨牟宗三稍晚的著作，例如《佛性与般若》（1977）、《中国哲学十九讲》（1983）、《圆善论》（1985）中的体用义。唯有如此，才不至于陷入牟体系的汪洋大海中。希望本文可以作为一个开头，起些许抛砖引玉的作用。

二、初期佛教与印度中观、唯识学下 "空"作为抒意字

《衡定》一文的核心主旨是认为佛教并无真正的体用义。循此，牟宗三主张佛教的"空"并无实体意涵，因此仅仅是"抒意字"。在检视牟宗三主张之前，有必要先检视他如何定义"抒意字"。牟宗三说：

> 如此所说之空是抒意字，就无常无我缘生而抒其意，非指实字，言并非正面有一物曰空也。（《衡定》，页600）

> 此性字体字皆是虚的抒意词，故其为性并非儒家之作为实体之"性理"之性，其为体亦非儒家作为性理之诚体、心体、神体、性体之体，总之，非道德创生的实体之体。吾人不

---

⑫　例如尤惠贞说"依牟先生的观点，儒佛不同的关键在于儒家所肯定之心体、性体乃至道体皆是实有，而佛家即使是肯定一切众生皆有自性清净心或真常心，然以一切法皆无自性，故皆非恒存实有"，此即有稍为简化之嫌。见尤惠贞：《牟宗三先生对于儒佛之辨析——从〈佛家体用义之衡定〉谈起》，《鹅湖月刊》第382期（2007年4月），页7。

能说空是缘生之体，缘生是空之用。体用之陈述在此用不
上。虽然说以空为体，以空为性，然此抒意之空性空体实并
不能存在地生起缘生之用也。此即表示空与缘生之关系并
非体用之关系。(《衡定》，页 601)

根据以上，牟宗三所谓"空作为抒意字"应该有两个方面：(1)"空"
并非实体，并非正面有一物；(2)"空"与缘生的现象之间并无真实的
体用关系。其中(1)意思比较含混，因为"空"作为现象事物缘生背后
的终极原理，某个意义上也可以说是"正面有一物"。例如佛教唯识
学"三性说"下的圆成实性即可说是将"空"视为是正面存在的原理。
为了避免这个含混，比较合适的理解应该就是用(2)来定义(1)。也
就是说：即便"空"是正面存在，但只要其与现象之间并无真实的体用
关系，则就视为是"抒意字"。

在这个定义下，牟宗三判初期佛教到中观学(空宗)下"缘起性
空"的"空"作为抒意字。如牟宗三主张：因"无性"所以"缘生"的因
此所以"并非存在上体用因果之客观的'因此所以'"(《衡定》，页
601)。这点本文无异议，兹不赘述。

其次，牟宗三判玄奘所传的印度唯识的空为抒意字，所谓真如为
"但理"的说法(《衡定》，页 605)。"但理"并非说真如不存在，而应该
被理解为真如并非如实在的个别法(此处意味"实体")一般存在，但
真如作为法性是存在的[13]。然而尽管真如存在，但真如与现象之间并
无真实的体用关系，因此真如仅仅是牟宗三所说的抒意字。如说：

只就修空观而证圆成实言，其所证显之圆成实(真如
空性)与依他起(缘生)之关系仍不是存在上体用因果之
关系：真如空性不是使依他起者所以能起之体(能创生的
体)，而依他起亦不是真如空性所生起之用。(《衡定》，页
603—604)

---

⑬ 《成唯识论》卷2所谓"真如亦是假施设名"(《大正藏》第31册，页6下16—17)的
说法常被误为否认真如存在，其实并非如此。

总结来说，牟宗三认为，从初期佛家到印度中观学、唯识学，空性都只是抒意字，空性和缘生现象之间不存在体用、因果关系。这点本文完全同意，下文不拟多讨论。

三、以《起信论》为核心的如来藏学下的体用义

佛教发展至如来藏思想，其体用形态非常类似于牟宗三心目中儒家的体用义。因此牟宗三必须花费很大的精力尝试区分两者。这也是《衡定》一文主要着力所在，如牟宗三说：

佛教发展至如来藏之真常心（自性清净心），其真如空性与缘生之关系<u>几似乎可以体用论矣</u>。此形态之相似也。然由于其宗义之殊异（仍是佛），其体用义仍不可以无辨也。以下试根据《起信论》而言之。（《衡定》，页608）（底线强调为本文所加）⑭

在《起信论》如来藏思想下，真心为体，染污的现象为用。或者说心真如门为体，心生灭门（染污的阿梨耶识）为用。所以要检讨这里是否存在真实的体用关系，关键也就是：真心如何随染起用？

在讨论牟宗三的解释前，先附带说明。真如作为无为法是印度佛教的共识。因此《起信论》主张真如可以熏习无明，甚至无明可以熏习真如，都是印度佛教难以接受的命题。支那内学院吕澂等对于《起信论》的批评（唐代慧沼对此已有批评）主要在此。牟宗三对于真如作为无为法这一点并无清楚认知。尽管他批判内学院将真如视为是"但理"，但对于理本身究竟如何能够活动，并未提出解释⑮。

---

⑭　下文凡有底线强调，除特别说明外，均为本文所加。
⑮　牟宗三对于无为法和有为法的界限不了解，因此没有意识到阿梨耶识以真如为体和《胜鬘经》"烦恼不触心、心不触烦恼"的主张之间其实是不一致的。例如牟宗三一方面注意到《胜鬘经》的说法："明镜并非影像之'生因'，但影像须凭依它而现。明镜自明镜，亦未变为影像。明镜与影像两不相触，亦不相碍。明镜自明镜，影像自影像，此即两不相触，《胜鬘经》所谓'烦恼不触心、心不触烦恼'。此即是不相应，一切识念不与觉体相应。虽不相触、不相应，明镜虽不生起影像，然不碍影像须凭依明镜而显现，此即不相碍。"（转下页注）

真如如何可以生起染用，牟宗三的解释如下：

> 真常心如何而能有染污生灭心？前已提及，只是由于
> 妄念。念则由于不觉，忽然心起而有其念。不觉即无明。
> 此即落于生灭心矣。生灭心念亦凭依真心而起，但其直接
> 根源却是无明。此犹如春风一起，吹绉一池春水。真常心
> 即是平静之春水，无明风动，则起绉绉，此即生灭心念。绉
> 绉不离水，即凭依水而起也。但其直接根源却是风动。生
> 灭心念不离真心，即是凭依真心而起，但其直接起因却是无
> 明。真心只是其凭依因，并非其生起因。心念凭依真心而
> 起，即示不惟净法统于一心，即一切染法亦统于一心。惟染
> 法是间接地统。净法是直接地统，所谓称性功德也。称性
> 即相应心性而起之功德。间接地统只是凭依义，虽不离，而
> 实不相应。《起信论》既于此忽然不觉而有心念处，即起绉
> 绉处，收摄阿赖耶识。此即阿赖耶识之统于真常心（如来藏
> 自性清净心）。普通所谓如来藏缘起或真如缘起，实非如来
> 藏清净心或真如心真能缘起生灭法，若如此，则净的生出染
> 的，其自身必不净，故所谓如来藏缘起乃只是无明识念之由
> 凭依如来藏而统于如来藏，故说如来藏缘起，其实真缘起者

（接上页注）（《衡定》，页621。）但另一方面牟宗三却也坚持真如必须能够起作用，如说："就
'智体不动，具足无漏功德'言，即是所谓'真如熏习'。唯识宗反对此说，以真如既不能熏，
亦不受熏，真如熏习乃不通者，亦如'真如缘起'之不通。但唯识宗之真如只是'但理'，自
不能熏，亦不能起；而讲如来藏者，则是心与理一，智与如一，其言真如即是心真如、真如心，
故虽在缠自能具足无漏功德，熏习众生，及其出缠亦自能起不思议业用，作缘熏习。如来藏
心在吾人生命中岂无促觉之用？岂是只待外熏而显发者？"（《衡定》，页622。）"净法熏习，
从根本处说，即是真如熏无明。真如心虽在重重障蔽中，亦总有其内熏无明之觉用，在不自
觉中，渐渐熏习无明，令其冲淡，冲淡久之，无明力即渐趋微弱"（《衡定》，页623）。从佛教
角度来说，《胜鬘经》"烦恼不触心、心不触烦恼"说法的前提即是说此处的"心"指的是"心
真如"，因为真如不会变化，烦恼永无可能染污真如，因此说"烦恼不触心、心不触烦恼"。所
谓客尘烦恼的概念也据此成立。然而既然真如是不会变化的，则真如也无法起作用。这也
是以元晓、法藏为首的《起信论》诠释和印度如来藏思想之间的主要差别。关于此点，可以
参见：Keng Ching（耿晴），"A Re-examination of the Relationship between the *Awakening of
Faith* and Dilun School Thought, Focusing on the Works of Huiyuan," in Chen-kuo Lin and
Michael Radich, eds., *A Distant Mirror: Articulating Indic Ideas in Sixth and Seventh Century
Chinese Buddhism*（Hamburg：Hamburg University Press, 2014）, pp. 205ff。

仍是阿赖耶识也。（《衡定》，页 611—612）

案：此处牟宗三所谓的"阿赖耶识"即是《起信论》所谓的"阿梨耶识"。牟宗三认为真如受到无明风扰动，而生起绉绉（水波），也就是虚妄的现象。这个观点是大部分《起信论》诠释的共识，此处不赘论。这里的关键是：如果真如如水，现象如水波，则这不正是典型的体（真如）用（现象）关系？这也正是牟宗三为何必须强调真如仅仅是现象的凭依，真正的生起因是无明。因此真如仅仅是"间接地统（摄）"染法而不是直接地统摄染法。

牟宗三此处所谓"间接地统"和"直接地统"，就构成了他认为佛教和儒家的根本差异所在：

> 识念起绉绉虽凭依不生不灭之心真如体而起现，然心真如体只是其凭依因，并非其生因；而且仍是虚妄不实，有待断灭，故不能如儒家所说的实事，而仍只是幻事。（《衡定》，页 641）

这个意思是说：由于起绉绉（阿梨耶识以及从阿梨耶识幻化出的缘生现象界）真正的根源是无明，终极来说是虚妄的，必须断灭。也就是说，由于绉绉真正的生因是无明，是虚妄的，而不是如儒家所说的道德法则，因此佛家体用不同于儒家体用。在这个意义下，如来藏的体用和儒家体用不同，前者的用是虚妄的，后者的用是实在。据此，我们必须区分两种不同的体用意涵。

（A）
体（出于自性）而衍生出用
例：道德本心创生出道德价值和行动
（B）
体（非出于自性）而衍生出用
例：《起信论》真如作为凭依因而生出虚妄的现象

关于这两种形态的差异，牟宗三自己举的例子是：

> 阿赖耶识的呈现，它有一个凭依，犹如坏人凭借好人以作坏事，又如贪官污吏假借权位名器以舞文弄法，又如恶仆奸奴凭借主人以兴风作浪，结果坏事都记在好人身上，写在权位名器上，列在主人身上，实则主人、好人、权位名器自身并无这些坏事，即并不生起这些坏事，但只是坏人凭借它们而起现。没有这些可凭借处，坏人恶奴污吏是不能兴风作浪的。阿赖耶识生灭心之凭依如来藏，亦复如此。<u>它除此凭依外，它复有其自己直接的根源</u>，那就是无明，犹如坏人之作坏事，虽凭借好人而作，然毕竟坏人之所以为坏而作坏事，乃由于其恶劣的根性，这是坏人之所以作坏之根源（生因），其所凭借者乃是助长或助成其作坏事之势，非其生因。（《衡定》，页613）⑯

下文将说明：牟宗三的诠释，乃是依循法藏的诠释而立论。法藏诠释的关键在于：从真如生起虚妄的现象时，真如只是"随他动，而非自性动"。真正的生起现象的因是无明而不是真如本身。就这个意义，牟宗三说现象与真如不相应。不过在进一步检讨牟宗三关于《起信论》的诠释前，先检视牟宗三关于华严宗与天台宗圆教下体用关系的诠释。

四、牟宗三论华严、天台圆教下的体用

牟宗三将圆教分为华严和天台两部分，先讨论华严以便和天台对照。关于华严的讨论，基本上不脱离《起信论》的"性起"架构，如牟宗三说：

> 以上由始觉即同本觉，而言觉体有智净相及不思议业相，并言觉体相有四种广大义，随而言真如熏习不断，真如自体相不断，以及三身，迤逦说来，皆表示如来藏心真如体

---

⑯　牟宗三自己举的另外一个例子是"挟天子以令诸侯"，见《衡定》，页612。

有一种体用义……以上许多表示体用义者，华严宗俱统之曰"性起"。（《衡定》，页 629—630）

法藏贤首以十门分别性起义，最后复只就佛果言性起，一切皆摄于圆教性起之果法中，唯言性起，不言缘起。性起即体用义。如为性，来为起，如来即性起。就人说，名曰"如来之性起"。就法说，"即如来为性起"。凡此十门所说，不离《起信论》义理之规模。（《衡定》，页 633）

由于牟宗三认为华严宗"性起"不离《起信论》的义理规模，因此底下将关于牟宗三华严圆教体用关系的讨论，放在牟宗三关于《起信论》讨论之后。

关于天台圆教下的体用，牟宗三认为天台宗出于《中论》而非《起信论》（《衡定》，页 648、660），并据此主张天台圆教下并无真实体用义[17]。本文同意牟宗三的观点，认为至少在天台受到华严关于《起信论》诠释的影响之前，天台中并无类似《起信论》意义下的体用，此处不再赘述。

五、无为法如何活动？法藏的解决方案

前文已经指出，牟宗三对于《起信论》的诠释基本上是延续法藏注释的方向，牟宗三对于华严圆教体用义的衡定也是基于同一个思想框架。因此在检讨牟宗三的想法之前，有必要回顾法藏的观点。

法藏对于真如如何能够随缘活动的解决方案是：真如活动，但非自性动，而仅仅是随他动。因此尽管随缘，但自性却从未改变，所以说"随缘不变"。如法藏说：

"水非动性"者，真体不变喻，此显非自性动但随他动也。"若风止灭"下息妄显真喻，此明若自性动者，动相灭时

---

[17] 例如牟宗三说："就天台之'空假中'言，此中根本无体用义：空不是体，假不是用。"（《衡定》，页 675。）

湿性随灭；而但随他动故，动相灭时湿性不坏也。（《大正藏》第 44 册，页 260 中 5—8）

梨耶心体<u>不守自性</u>，是生灭因。根本无明熏动心体，是生灭缘。又复无明住地诸染根本，是生灭因。外妄境界动起识浪，是生灭缘。依是二义以显因缘。诸识生灭相集而生，故名众生。而无别体，唯依心体，故言依心，即是梨耶自相心也。（《大正藏》第 44 册，页 264 中 16—21）⑱

关于法藏的《起信论》诠释需要多作一些说明。这里牵涉的是《起信论》有名的大海水波喻，也就是：当真如受到无明扰动时，就变成阿梨耶识，就像平静的海水受到风吹，就成为波浪一样。

法藏此处的意思是：水本来的自性是不动的，然而由于受到风吹，因而不守自性，因此随他性而动。如同心体的自性是不生虚妄的现象，但由于受到无明熏习的影响，而随他性而生起虚妄的境界相。这里法藏对比自性和他性，并且提出"不守自性"的说法，目的在说明当心体活动时，仅仅是心体随无明的他性而动，心体不动的自性并无改变。因此一旦无明消灭，则心体回复原本自性的不动⑲。

---

⑱　参见元晓类似的说法："喻中言'水非动性'者，明今之动非自性动，但随他动。若自性动者，动相灭时湿性随灭；而随他动，故动相虽灭湿性不坏也。"（《大正藏》第 44 册，页 211 中 8—10。）

⑲　法藏的说法看似具有说服力，但事实上却有困难。本文的理由如下。在此譬喻中存在一个歧义：究竟这里关于海水的自性是"湿"或是"非动"？海水原本是静止，受到风吹而起波浪，也就是水动。据此，则这里的对比应该是：海水非动的自性对比受到风吹而水动之非属于自性的状态。然而从另一个角度来说，《起信论》文本结语却说当海水不再受到风吹时，"湿性不坏"，这似乎又是强调海水的自性是"湿"而不是"非动"，否则《起信论》应该说"非动性不坏"。法藏意识到海水波喻中究竟应强调"湿性不坏"或"非动性不坏"的内在张力，他解决的策略是将"非动"和"湿性"绑在一起。水的自性是湿（法藏诠释下等同于"非动"）而不是动，所以如果水依据其自性而动，那么就表示此时水已经变成风（只有风才能自动）而不再是水了。倘若如此，则水依据自性动之后，无法再变回为水，因此说"若自性动者，动相灭时湿性随灭"。换言之，真心的自性是非动的，只是由于被无明熏习而"随他动"，所以说"不守自性"。根据"不守自性"的概念，而成立"随缘不变"的概念。本文以为，法藏此处的论证并无说服力。如果水的自性（湿性）与风的自性（动性）是如此地不同，以至于水除非变成风，否则无法依据自性而动，那么我们如何解释水能够随他性（风的动性）而动呢？如果水的自性可以不变而能够随风而动，这不正表示水可以在不变成风的前提下而动？

六、检讨牟对于如来藏的批判

牟宗三关于《起信论》下体用关系的论述基本上是沿袭法藏的路数，认为真如虽然有动，然而却是间接地、被动地动，而不是"自性动"。所以如前述，牟宗三尝试说明真如动而为阿梨耶识，其背后真正动因是无明而不是真如。据此，牟宗三主张真如动而为阿梨耶识，并且因此而生出虚妄的现象，这里真如和虚妄现象之间并不存在真实的体用关系，因为虚妄的现象并非出于真如的自性。

本文对于牟宗三的主张批判如下：当牟宗三主张真缘起者是阿梨耶识而非真如时，忽略了一个关键问题。《起信论》所谓的阿梨耶识（至少根据法藏和牟宗三的理解）其实就是真如的"起绉绉"。无明作为因，使得真如起绉绉，此即是阿梨耶识。因此阿梨耶识仍然与真如有相同的体，而不是别有体。关于所谓"识念起绉绉"，牟宗三对于阿梨耶识和真如的关系的说明兹举一处：

> ［阿梨耶识］虽是昏沈而生灭相续，却必须是凭依不生不灭的心真如体而起现。由于无明的插入，心就起了绉绉而远离了其自体而落于"念"中，犹如春风吹动，一池春水就起了波浪而动荡不定。波浪毕竟不离水体。不凭依水体，焉有波浪？波浪毕竟是属于水的波浪，而不是属于麦的麦浪。此即是所谓"非异"之凭依。但水体自身实并不含有波浪，亦如小麦自身并无所谓波浪，由于风动，才起波浪。风一止，波浪即灭。可见波浪是无体无根的假象，其起因只是由于风动，然其生起却不能不凭依水体，此即水体与假象的波浪之"非一"。（《衡定》，页 613）

在法藏的《起信论》注释中，他在诠释"大海水波"喻时一再说明真如"举体动"也就是这个意思⑳。当受到无明风吹时，海水的自体的确受

---

⑳　参见梅约翰（John Makeham）：《法藏对〈大乘起信论〉的解读：要点及其反响》，《东亚佛学评论》第 4 辑（2020 年 2 月），页 87—89。

扰动而起浪,证明浪和海水的确是同一体。因此当牟宗三说"真缘起者仍是阿赖耶识"时,其实必须承认真如也同是真缘起者。只不过真如乃是受到无明的影响而非出于自性而缘起。

区分了以上两种意义,则我们可以看出牟宗三的说法是有问题的。如牟宗三针对佛教的体用关系说:

> 在此种虚系无碍的圆融状态下,实无体可说。体用皆是过渡中的词语。亦是虚说的词语。此如来真心实非创生缘起法之实体也。缘起总是缘起,总是对于不可思议之假名说。第一义谛中,一法不可得,焉有所谓大缘起法界耶?缘起法总是似有无性,即在十身佛自境界亦复如是。不因佛果而即可变为有自性之实事也。(《衡定》,页674)

本文认为:这里牟宗三主张在佛教的框架下,"实无体可说。体用皆是过渡中的词语。亦是虚说的词语。此如来真心实非创生缘起法之实体"的说法不能成立。因为共同于儒家或佛教的模型是:现象界皆是实体(道体、真如)的衍生或是变形,用与体之间有同体关系。在《起信论》的框架下,指的是:水波仍然是水之波,水波并非出自水之外的另外一个实体。因此,即便我们同意缘起的现象是虚妄的,还是必须承认现象与真如之间有真实的体用关系,正如水和水波之间有真实的体用关系一样。儒家和佛教两者体用关系唯一的差别只在于现象界生起的现象或行动是真实(儒家)或虚妄(佛教)。然而即便生起的现象终极来说是虚妄,其作为真如的变形,以真如为体的体用关系是真实的,正如即便是某甲被某乙教唆杀人,最终人还是某甲杀的[21]。

---

[21] 一位审查人指出:牟宗三并不承认这种有无明插入的体用关系,仅当没有无明插入的体用才是牟所谓的体用关系。换言之,当真如受到无明干扰而生起现象时,由于已经有无明插入,因此并非真实的体用关系。对此,本文的回应如下:(1)首先,如果审查人的诠释是对的,则牟宗三就没有必要区分"间接地统"(随他用)和"直接地统"(自性用)。本文认为:牟宗三之所以区分两者,正是因为他认为随他用也是一种用。(2)审查人的诠释有另一个弊病,即倘若仅当没有无明插入的体用才是牟所谓的体用关系,则底下将讨论的"直接的体用"(从法身生应、报身)就不得不承认是真实的体用关系了吗?如下(转下页注)

据此，则我们有理由说牟宗三以下关于《起信论》和华严圆教的论断是误导的：

> 普通说如来藏缘起，此很易有误会。详细说，当该是无明识念凭依如来藏而缘起，并非如来藏自身真能缘起生灭法也。如来藏既非生灭法之体，而生灭法亦非如来藏之用，则两者实亦可说不相资不相待。（《衡定》，页642）

> 因不变随缘非体用故；又以随缘净法不断，而染法须断故。此即虽云不二，而实二也。（《衡定》，页642）

牟宗三这里的论述显然是混淆了两种不同意义的体用关系。就缘起的现象是真如的变形（起绉绉）来说，真如与现象之间存在真实的体用关系。只要牟宗三不否认阿梨耶识以及现象是真心的变形，则就不能否认真如与现象之间存在真实的体用关系。他想要主张"根据现象并非出自真心的自性，而是出自无明，因此无明才是现象真正的生因"这样的看法，毋宁是不成功的。牟宗三此处最多只解释了真如的体用关系不全同于儒家的体用[22]。

七、牟宗三关于华严圆教下体用关系的讨论

前一节已经说明，牟宗三主张虚妄的现象由于有无明的插入，因而与真如之间并无真实的体用关系这样的主张不能成立，因为就虚妄的现象乃是真如的"起绉绉"来说，虚妄的现象还是与真如之间存

（接上页注）文所示，牟宗三对此还是反对的。（3）更重要地，审查人认为"唯有没有无明插入的用才是牟心目中真正的用"这样的观点正坐实了本文的批判。因为"没有无明插入的用"这个概念的前提是：真如本身可以活动，可以无需其他原因而起作用。但本文认为真如能否起作用，正是《起信论》和玄奘之间的最主要差异。审查人的观点正显示了她（他）已经先入为主地接受了《起信论》的架构而不自知。

[22] 然而例如王阳明"四句教"中所谓"有善有恶意之动"，其中"恶"的部分，根据笔者对牟宗三诠释的粗浅理解，也还可能被牟宗三诠释为类似于佛家的体用，因为这个恶也还是属于"心体"的直接流衍或变形。心体受到气动的影响而成为意，但尽管如此，恶还是属于心体的动，并非是心体之外别有一事物运动而产生了恶。

在体用关系。本节从反面的角度切入，探讨牟宗三如何讨论真如与非虚妄的现象（所谓"称性功德"）之间是否存在真实的体用关系。关于这一点，牟宗三似乎是直接承认真如与非虚妄的现象（《衡定》文中所谓"称性功德"）之间存在真实的体用关系，如他说：

> 惟染法是间接地统，净法是<u>直接地统</u>，所谓"称性功德"也。称性即相应心性而起之功德。（《衡定》，页611）

> 智净相是空、是体。不思议业相是不空、是本觉智体之业用。吾人在此须停一停，可仔细思量此所谓体用之意义。<u>因为此处正是可以说体用处</u>。（《衡定》，页619）

这里说的是：符应真如自性的功德，名为"称性功德"。真如作为体，发出净法的用，这个体用关系，呈现在智净相作为体、不思议业相作为用。这里很显然看出，牟宗三是承认真如（空性）和净法之间有直接的体用关系。他只是不承认真如和现象界的染法之间有直接的体用关系[23]。

牟宗三关于真如的真实作用、也就是非虚妄现象的更多讨论，见于他关于华严圆教下体用关系的讨论。关于华严圆教，牟宗三的解说如下：

> 上列七点表示体用义者，严格说，只应、报身处是正面的体用义。（《衡定》，页633）

> 故正面的真正的体用即在三身处，即法身与应、报身的关系处：法身为体，应、报身为用。（《衡定》，页635）

此处牟宗三的意思是：法身作为体，应身（也称作"变化身"）和报身

---

[23] 牟宗三在《中国哲学十九讲》中说"圆教下的佛性、法身能保住万法，但不能创造万法"，见牟宗三：《中国哲学十九讲》，《牟宗三先生全集》第5册（台北：联经出版社，2003），页427。但就《起信论》来说，的确法身可以创造万法，只不过根据牟宗三的前述讲法，并非直接地创造，而是间接地创造。

（也称作"受用身"）作为用，其间存在真实的体用关系。简单来说，世亲之后的唯识学传统接受法身等同于真如，不在现象世界中。不同阶位的众生能够感知到的，则是从法身导出，以现象呈显的应身（对于秽土中的凡夫呈现）和报身（对于净土中的菩萨呈现）㉔。

为何牟宗三承认三身之间存在真实的体用关系？理由显然是因为应身和报身发挥的是引导众生趋向涅槃的正面作用。此处可以明确看出牟宗三认为正面的体用才是他心目中的体用义。若非正面的体用（也就是"称性功德"或是从法身导出的应报二身）的意义，则作为体的真如即会被他贬抑为"抒意字"。

然而牟宗三如此的主张也让他陷入困难，例如他为了区别儒家和佛教的体用义，又不得不进一步主张应报身只是幻相，因此体用不离亦可离，也就是又尝试否认真实的体用关系：

> 依上所说，佛之应化身及报身之用亦只是幻相，不唯应化身是幻相示现，即佛之正报依报（自受用身）亦是幻相，凡依识而见者皆是幻相。（此竺道生所以有法身无色，佛无净土，善不受报诸义也）因是幻相，故可离可灭。离业识，则当下即寂，无相可见。分解地称理而谈，用既幻，则用亦可息。消用入体，则无用可说。是则体用不离亦可离。盖佛教以"流转还灭"为主纲。流转依识现，化识还心，则还灭。还灭无相，自亦无识。此是"缘起性空，流转还灭，染净对翻，生灭不生灭对翻"纲领下体用不离而可离之体用义。（《衡定》，页 639—640）

这里需要一些说明。尚未成佛的众生之所以能够感知佛的应身与报

㉔　参见《大乘起信论》卷 1："一者，依分别事识，凡夫、二乘心所见者，名为应身。以不知转识现故见从外来，取色分齐不能尽知故。二者，依于业识，谓诸菩萨从初发意，乃至菩萨究竟地，心所见者，名为报身。身有无量色，色有无量相，相有无量好，所住依果亦有无量种种庄严随所示现，即无有边不可穷尽离分齐相，随其所应，常能住持不毁不失。如是功德，皆因诸波罗蜜等无漏行熏，及不思议熏之所成就，具足无量乐相故，说为报身。又为凡夫所见者，是其麄色，随于六道各见不同，种种异类非受乐相故，说为应身。"（《大正藏》第 32 册，页 579 中 20—下 3。）

身,需要凭借众生自己的识。当众生凭借应身与报身的引导成佛之后,识不再生起,佛的应身与报身即不再呈显,因为已无必要再呈显。换言之,就应身和报身仍然属于现象界来说,应身和报身仍然不是终极的,终有消灭的一天。

这里明显可以看出,牟宗三一方面主张应身和报身是正面的用,另一方面又坚持此正面的用就其仍然属于现象界来说,仍然不是终极的用。牟宗三此处的主张可能有误导的嫌疑,需要先稍加厘清。举例来说,某个佛甲以应报身呈显给某个众生乙,当乙成佛时,乙的识不再生起,因而佛甲的应报身不再向乙呈显。然而这并不意味佛甲的法身停止导出应报身。相反地,佛甲的法身还是不断地导出应报身向众生丙、丁等呈显。佛教认为众生永无度尽的一天,因此这样从法身导出应报身的正面体用永无终结。

如此,则牟宗三似乎很难否认法身和应报身之间存在真实的体用关系。在《衡定》一文中,牟还有另外一个策略主张法身和应报身之间并无真实的体用关系,如他说:

> 无明识念虽凭依如来藏而起,然却原是无根的,说完就完;而"不变随缘,随缘不变"亦原是顺那无根的无明识念而下来的,是以亦原是经验的陈述、实然的陈述,并无必然性。此皆是顺应众生无始已来而实然地如此说。但当通过"就之而灭度之而复因而能超越地肯定之"这一曲线的智慧,辩论的奇诡时,它本身起了质的变化,遂因与如来藏心相应如如而获得一真常的意义、必然的意义,且得一无穷无尽的意义。因为法身恒常遍在,作为其自在用之众生色相自亦恒常遍在、无穷无尽。这些在超越的肯定、必然、不坏中而取得真常义、必然义、无穷无尽义,而作为法身自在用的色相,<u>严格说,亦不是如来藏心真如体自身之所创生起现,而只是顺应那众生无始已来原有的缘起色相融化之而使之与己相应</u>,遂成为其自己之自在用。(《衡定》,页645)

牟此处的语言有些不够精确。此处"因为法身恒常遍在,作为其自在用之众生色相"中"作为其自在用之众生色相"应该是"作为（法身）自在用之向众生呈显的（应报身）的色相"更为精确。牟的意思是：从法身导出应报二身严格来说并非真如自己的真实用，而是为了救度众生、顺应众生而在众生的识中呈现的用。

这里牵涉的议题非常复杂且困难㉕。本文暂不涉入这些议题，而只强调牟落入了跟前面类似的错误，即借由主张用并非出于体的自性来否定真实的体用关系。前面关于从真如中导出染污的现象，牟主张说是由于无明插入，因此染污的现象和真如之间并无真实的体用关系。这里关于法身中导出二身，牟则主张由于是为了顺应众生才导出应、报身，因此法身和应、报身之间并无真实的体用关系。对此本文的批评是：当牟主张应、报身的出现是为了顺应救度众生的需要，其实并未成功否定法身和应、报身之间真实的体用关系，充其量只不过说明应、报身的出现是法身的随他用而非自性用，但是法身和应、报身之间还是存在体用关系。这个情况就跟前面一模一样。前面牟主张从真如导出染污的现象只是真如的随他用而非自性用，然而这并未否定真如和染污现象之间的真实体用关系。再一次，我们看到牟借用了法藏的策略：凡是真如起用，只要不是出于真如的自性，就不存在真实的体用关系。

同情地理解，牟宗三之所以陷入前述困难，乃是因为他不愿意承认佛教框架下的法身（作为体）与应、报身（作为用）可以有儒家的道体诚体（作为体）与道德行动（作为用）意义下的体用关系。所以他要强调应、报身终极来说只是幻相，并非终极真实，因此法身和二身之间不存在真实的体用关系。

这里至少存在三个进一步的困难。一、如果依照牟宗三的思维，则当他说"凡依识而见者皆是幻相"，意思应该是说凡是现象界的事物都非终极真实的。然而试问：若脉络换到儒家场景，牟宗三仍会做

㉕　基本上，印度佛教的共识是法身是无为法、不在现象中，因此究竟如何申论法身和应报身之间是否存在体用关系，如果有，又是什么意义的体用关系，本身是一个相当困难的议题。即便回到中国佛教的脉络，假设《起信论》不承认法身是无为法，因而可以从中导出现象，但《起信论》对于法身和二身之间的关系并无任何说明，仅仅主张法身为"真如自体相"、二身为"真如用"（《大正藏》第32册，页579上12—下3）。

同样的主张吗？从道德本心发动的个别道德行动,因为处于现象界,因此终极来说并非真实的吗？答案显然是否定的。

二、牟宗三的论证其实基于一个意义的滑转。本来探究法身和二身是否存在真实的体用关系,意思是检讨二身是否从作为体的法身中导出。然而牟转换了这个意思,他从"二身属于现象界因而并非终极真实"的前提否认法身和二身之间存在真实的体用关系,意思是:倘若二身作为"用"终极来说并非真实,则此处的体用关系也非真实。依照牟宗三的意思,既然佛教主张现象世界终极来说并非真实,因此真如和现象世界之间不能存在真实的体用关系。反之,唯有儒家承认现象世界为终极真实,因此和体之间存在真实的体用关系。

三、如果牟宗三主张:法身导出二身并非属于法身的自性,而是因为救度众生的需要,因此不算真实的体用关系,则同样的问题也可以质问儒家:道体诚体(作为体)为何会衍生出道德行动(作为用)呢？我们能否也回答说:正是由于人的存在,道体才会衍生出道德行动？对于这样的疑问,儒家似乎会引用"天行健"来回答,事实上等于是没有回答,因为这个问题在儒家传统中似乎并不是一个重要且必须回答的问题。

总结来说,在华严圆教的脉络下,从法身到应、报身应该存在真实的体用关系,二身也就是真如的"称性功德"。然而牟宗三却一方面承认法身与二身之间存在真实的体用关系;另一方面坚持即便是应身和报身也仅仅是幻相,因而非法身真实的用,法身和二身之间不存在真实的体用关系。本文认为:即便牟坚持从法身导出二身只是出于救度众生的需要,因而并非真如的自性,这充其量只不过说明了二身是法身的"随他用"而非"自性用",但是却未成功地证明法身和二身之间不存在体用关系。因此,牟宗三不能主张法身、真如仅仅是抒意字。

八、儒佛差别何在？

本文认为,正是因为《起信论》和儒家有类似的体用关系,牟宗三才能作出以下的论断:

此是儒佛之本质的差异,亦即道德意识与苦业意识之不同。既是对于道德本心所可有之形容可完全同于如来藏自性清净心之形容,则顺如来藏心而直握骊珠以明此内在道德性之性体心体,亦并无不可。盖对此骊珠言,那些形容俱是外围的话。如来藏心并非与内在道德性必不相容。只决于有无此道德意识而已。有此骊珠即是儒,无此骊珠即是佛。如果此如来藏心单由缘起性空所指之定向来决定,不准有此内在道德性之意义,则如来藏心即为特殊教义所拘限之清净心,虽清净无相,然却因特殊教义之限定而有相,此即成为真心之拘限。(《衡定》,页681)

这句话明白显露出：对于牟宗三来说,其实儒佛的体用框架是完全相同的,因此才可以用同样的形容来刻画道德本心和如来藏自性清净心,牟宗三也才会说"如来藏心并非与内在道德性必不相容"。牟宗三对于儒佛判释真正的差异其实不在于两者之间体用关系存在什么重要差异,而在于佛教的如来藏心并无道德意识,例如他进一步说：

横渠、明道、象山之评判,表面看之,虽极笼统粗略,然实按之,皆极中肯扼要。彼等之如此说,亦只是要显露一道德创造性的实体用之实相资实相待,亦是很显明地要呈现出一内在道德性之性理、实理,或天理,亦根本是一道德意识之凸出、道德意识之照体挺立。此是很显明的一个本质的差异,佛教的苦业意识总不向此用心也。(《衡定》,页677)

有此骊珠,便可将如来藏自性清净心带起来、挺立起来,竖之以义理的骨干,使之成为一立体的直贯,以反而成就道德行为之实事,此即所以为"经世"。无此骊珠,则如来藏自性清净心只是停在那里而与幻假为虚系无碍的圆融,来回地圆转,吊诡以呈妙,而实骨子仍是"缘起性空,流转还灭,染净对翻,生灭不生灭对翻"之出世。(《衡定》,页681—682)

> 此所以从判教方面说，无论天台之藏通别圆，抑或华严之小始终顿圆，终于表示佛教为完整之一套，而天衣无缝也。<u>然而此完整之一套却就是不能成就道德行为之实事</u>。（《衡定》，页687）

> 在"缘起性空，流转还灭，染净对翻，生灭不生灭对翻"之不相资之不相待中挺立起一个立体的骨干，一个内在道德性之性理的敬义骨干，（"敬义立而德不孤；直方大，不习无不利，则不疑其所行矣"），则即显出实事实理相资相待之有机的体用，道德性的创生实体（性体、心体、神体、诚体、寂感真几）之创生的体用。（《衡定》，页685—686）

意思是：最终来说，区别儒释只在是否具备了道德意识一点上。只要在佛教如来藏挺立一个骨干，也就是内在道德性，则佛教的架构就转为道德性创生的体用关系，也就跟儒家没有什么区别了。

以上多个段落明白表示对于牟宗三来说，佛教和儒家的体用关系并无真正差别，这点正是本文要证成的核心主旨。根据前述真如与现象之间存在真实的体用关系，我们必须承认在牟宗三诠释下的《起信论》，真如的确作为一个实体：这个实体出于救度众生的需求，可以直接地生出净用；受到无明影响时，也可以间接地生出染用。如此，则真如绝不能仅仅是抒意字。

如林镇国在《佛教形上学的虚说型态》指出：牟宗三的"终极导向是儒家大成圆教的建立"[26]。说到底，牟宗三对于佛教体用义的批判主旨仅仅在于：佛教和儒家的体用框架并无本质上的差异，其根本差异只是佛教之体（真如、如来藏心）中并无道德意识，儒家的本体（道体、诚体）具备道德意识。就儒家和佛教的体用框架并无重大差异来说，本文证明了牟宗三区分佛教与儒家体用义的尝试并不成功。

据此，我们重新检视牟宗三对于朱子的批判。

---

[26] 林镇国：《空性与现代性：从京都学派、新儒家到多音的佛教诠释学》，页123。

九、检讨牟宗三对于朱子的批判

牟宗三在《心体与性体》中的核心主张是认为宋明理学分系最重要的判准在于：

> 依前章宋、明儒之分系，对于道体性体之体会只有两种：1. 体会为即活动即存有。2. 体会为只存有而不活动。[27]

> 以上六点，如再收缩而为一点，则只是对于道体不透，因而影响工夫入路之不同。此所谓一处不透，触处皆异也。（所谓不透是对原有之义说。若就其自己所意谓者言，则亦甚透。）此所不透之一点，说起来亦甚简单，即在：对于形而上的真体只理解为"存有"（Being, ontological being）而不活动者（merely being but not at the same time activity）。但在先秦旧义以及濂溪、横渠、明道之所体悟者，此形而上的实体（散开说，天命不已之体、易体、中体、太极、太虚、诚体、神体，心体、性体、仁体）乃是"即存有即活动"者。（在朱子，诚体、神体、心体即不能言）。此是差别之所由成，亦是系统之所以分。此为吾书诠表此期学术之中心观念。依"只存有而不活动"说，则伊川、朱子之系统为：主观地说，是静涵静摄系统；客观地说，是本体论的存有之系统。简言之，为**横摄系统**。依"即存有即活动"说，则先秦旧义以及宋、明儒之大宗皆是本体宇宙论的实体之道德地创生的直贯之系统，简言之，为**纵贯系统**。系统既异，含于其中之工夫入路亦异。横摄系统为**顺取之路**，纵贯系统为**逆觉之路**。此其大较也。[28]

这里牟宗三念兹在兹的"即存有即活动"，其实也就是指形而上实体

---

[27] 牟宗三：《心体与性体（一）》，页65。
[28] 同前注，页62—63。粗体字强调为原作者所加。

与形而下现象之间存在真实的体用关系。如果真实的体用关系存在，则前提必须是此形而上实体必须能够活动（无论是主动/直接或是被动/间接）。反过来说，如果此形而上实体不能活动，则无论如何不能成立真实的体用关系。这也是牟宗三对于程朱系（以及玄奘系的印度唯识学）的主要批评所在。

基于前一小节对于牟宗三体用义的再衡定，本文对牟宗三批评程朱系的检讨如下。牟宗三批评佛教如来藏（《起信论》）的时候，根据的是现象是虚妄非实事，而不是根据现象非出于真如理体；批评朱子的时候，根据的是理体与道德行动之间没有直接的体用关系，而不是根据道德行动非实事。换言之，牟宗三不但没有真正批判到《起信论》中的体用关系，反而是与《起信论》站在同一个阵线来批判朱子。朱子肯定理体真实存在，也肯定道德行动真实存在，因此牟批评佛教的标准不适用于批判朱子。如此，牟宗三坐实了笔者在先行论文中认为他援引了佛教的架构来批判朱子的批评㉙。如牟宗三说：

> 此种义理，自佛性观念出现后，本亦极易见到者。然见到，则易；而如见不到，则一间未达，永在隔阂中，此机亦很难拨转也。子不见儒家之朱子？朱子号称宋明儒之正统派，然于本心亦总一间未达也。与唯识宗之形态极相似。然则中国和尚之造《起信论》不亦宜乎？（《衡定》，页617）

牟宗三根据朱子的理只存有而不活动，批判朱子为他律，理由是理无法直接地发动道德行动。前面已经指出，牟宗三批评朱子乃是根据与《起信论》同一个框架。此外，他不能拿对于佛教的批评——不能挺立道德价值——来批评朱子，因为朱子显然接受孟子所主张的同一套价值。因此牟宗三充其量只不过指出朱子和阳明心学之间存在差异，但不足以证成朱子并非儒家正宗。要证明后者，牟宗三需要一

㉙　见耿晴：《"道体活不活动"源自于佛教的争论？——从佛学角度检讨牟宗三关于宋明理学分系的判准》。

方面说明为何儒学正宗与《起信论》高度一致，以及历史上的孟子是否真与《起信论》一致。本文结论会再回到此点。

十、检讨牟宗三超越心的逻辑

到底为何牟宗三坚持唯有道体即存有即活动才是儒学正宗？牟宗三的理由从以下可以窥见：

> 唯识宗不承认此觉性乃至本觉，而唯是靠后天熏习与圣教量，乃是茫然而纯在识念一层中作工夫。嘉言懿行，圣教量，若不消融于觉性中以证其为真为实，这一切很可能只是些杂念，凭念转念，实只是以念引念，永无了期，就是一时不执着于依他起，证得了圆成实，亦只是了解了一个空理，与自家生命之清澈仍不相干。若是在空计执而证圆成实上，证得圆成实即是识转而成智，圆成实之证得不只是只得一空理，而且能渗融于自家生命中而由此清澈了吾人之识念而成为智，则即必须承认吾人之识念中确有觉性，而不只是识念之一层。吾人主体方面有此觉性，在证得圆成实上，圆成实空如之理方能渗融进来而与觉性水乳交融，以证成吾人之生命确是一智之生命，而不是一识之生命。<u>但若不承认有此觉性，则证得之圆成实，如非只证得一空如之理而与自家生命不相干，便是即使相干，亦是融在念上，而不必真能证成智，是则智很可能是虚脱而永不能落实者。</u>是以觉性乃至本觉之肯认乃是必然者，而且亦是必要者。<u>这是修证工夫所以可能（所以有实效）之超越根据，唯识宗不承认此点，此在说明之理论上不能算是明确而恰当。</u>（《衡定》，页 616）

牟宗三这里谈论的超越根据存在歧义。从朱子和玄奘唯识的角度来说，真如理也是超越根据，也就是说，如果没有真如理存在，则无论如何修行智慧，最终还是无法证见缘起性空的实相。这也是真谛《佛性论》所谓真如理作为"应得因"的意义㉚。所以谈修行必须建立在超越根据，但该超越根据却不必一定是即存有即活动的觉性。

举个例子来说，当代许多诺贝尔奖得主，也许认为她们之所以能够有突破性的研究成果，并非基于牟宗三所谓的内在觉性，而更多是因为后天的熏习（例如跟老师学习和阅读）和圣教量（追随过去大师们的脚步）。难道我们因此便可以遽下断言她们的研究成果"和自家生命不相干"？

或有论者反驳，此处用诺贝尔奖得主的例子乃是引喻失义，因为道德实践和追求了解世界的知识是两个不同领域范畴的活动，不可相提并论。那么笔者想要追问：如何证明道德实践必须建立在超越根据的本有觉性之上？牟宗三喜言：良知是一种呈现㉛。仿佛如果不认同此点，便无法理解儒家的精神所在。然而这个说法充其量是诉诸直觉，对于不认同此直觉的人来说在哲学论证上并无任何说服力。

此处牟宗三的思考逻辑是：先肯定了人人都能从事道德实践的必然性，之后再成立关于此必然性需要有一个超越根据。然而我们可以进一步追问：是否也能肯定人人都有能学会微积分的必然性？该必然性是否也必须建立在某种超越根据之上（内在"微积分性"）？是否也应该肯定人人都有能吃饭、睡觉的必然性，因此该必然性也必须建立在内在的超越根据上（内在"吃饭性、睡觉性"）？如何抉择哪些经验的能力需要超越根据，哪些不需要？即便孟子认为道德实践是人之所以异于禽兽之所在，但单凭这一点并不足以证明孟子必须接受如牟宗三一般的思考方式。至少在《孟子》文本中，孟子并未明白地用同样的方

㉚　见《佛性论》卷2："三因者，一应得因、二加行因、三圆满因。应得因者，二空所现真如，由此空故，应发菩提心及加行等，乃至道后法身，故称应得。"（《大正藏》第31册，页794上12—15。）

㉛　牟宗三对此最有名的一段话如下："依原始儒家的开发及宋、明儒者之大宗的发展，性体心体乃至康德所说的自由、意志之因果性，自始即不是对于我们为不可理解的一个隔绝的预定，乃是在实践的体证中的一个呈现。这是自孔子起直到今日的熊先生止，凡真以生命渗透此学者所共契，并无一人能有异辞。是以三十年前，当吾在北大时，一日熊先生与冯友兰氏谈，冯氏谓王阳明所讲的良知是一个假设，熊先生听之，即大为惊讶说：'良知是呈现，你怎么说是假设！'吾当时在旁静听，知冯氏之语底根据是康德。（冯氏终生不解康德，亦只是这样学着说而已。至对于良知，则更茫然。）而闻熊先生言，则大为震动，耳目一新。吾当时虽不甚了了，然'良知是呈现'之义，则总牢记心中，从未忘也。今乃知其必然。"见牟宗三：《心体与性体（一）》，页184。

式论证超越根据的存在。退一步想，并非每个人都总是从事道德实践，这是不争的事实。在这个事实下，"肯定每个人都能从事道德实践的必然性"的想法无论如何不能被视为是不可怀疑的出发点。

最后，一个基本的困难是：真如理如何能够受到无明风吹而变为不觉？这点在印度佛学无为法有为法的区分下成为不可解的难题。中国哲学并无此区分，因此中国哲学学者通常不觉得此处存在困难。然而仔细思考，理之所以为理，必然有其普遍性和不变性；然而心总是活跃灵动的。从这个角度来说，心与理合一本来是一个非常难解的命题㉜。在中国佛教脉络下，的确有主张本有智慧，例如传为真谛三藏（499—569）所翻译之《金光明经》"三身分别品"中所谓"如如智"㉝。但这指的是非常特殊的智，也就是以真如为唯一对象的智。由于以不变化的真如为唯一的对象，因此本身不能也不会变化。因此在《成唯识论》中，当讨论心得到智慧时所使用的词汇是"四智相应心品"㉞，也就是说不是心本身就是智慧，而是心以符应（"相应"的意思）智慧的方式生起。

总之，牟宗三超越根据的思维和"心理合一"的想法都值得进一步检讨。在接受牟宗三对于朱子的批判之前，我们其实应该先考虑从牟宗三的观点出发究竟如何回答前述的质疑。

十一、结　论

以牟宗三极具分解性的思维，何以会犯了混淆不同体用意义的错误？本文的解释是：牟宗三先入为主地用了中国佛教关于真心可以随缘起用的方式来理解王阳明，甚至回去理解孟子而不自知；可是同时又坚持唯有儒家才是哲学正宗。这两个前提让牟宗三陷入进退维谷的困境：一方面要坚持与《起信论》体用义完全一致的孟子阳明

㉜　冯耀明认为熊十力"心即理"命题包含了语言的误用，其真实意义应该是"具有心用之体即是具备万理之体"，如此则消除了神秘色彩。见冯耀明：《"超越内在"的迷思：从分析哲学观点看当代新儒学》（香港：中文大学出版社，2003），页193。

㉝　见《合部金光明经》卷1（《大正藏》第16册，页363上4—6）。

㉞　见《成唯识论》卷10（《大正藏》第31册，页56上12—28）。

才是正宗，另一方面却要坚持儒佛存在显著区别。

牟宗三并不是完全没有意识到《起信论》与他理解的孟子之间的高度类似，如他说：

> 原中国佛教之所以特喜此性宗，判之为最高之圆教，固有中国民族智慧心灵之一般倾向背景，而实亦由儒道两家之学术培养使之然也。人皆谓宋明儒受佛老之影响，是阳儒阴释、儒释混杂。实则宋明儒对于佛老了解实粗略，受其影响盖甚小。彼等自有儒家义理智慧之规范。而魏晋玄学之弘扬道家，其影响于佛教之吸收却极大。两晋南北朝之佛教大德非不读中国书者。如其说宋明儒受佛老之影响，因而儒释混杂，不如说佛教大德受儒道义理智慧风范之影响，故特喜言如来藏自性清净心者而创性宗（真常心宗）以超过印度原有之空宗与有宗。最后，实亦无所谓谁受谁之影响，只是中华民族智慧心灵之一般倾向，随其所宗信而到处表现耳。象山、阳明固是孟子灵魂之再现，即竺道生、慧能亦是孟子灵魂之再现于佛家。故儒自是儒，道自是道，佛自是佛，唯有其共通之形态，而宗义之殊异不可泯。故动辄谓宋明儒受佛老影响者甚无谓也（谓受其刺激而觉醒则可）。（《衡定》，页607—608）

延续这个想法，牟宗三在《中国哲学十九讲》中更具体地将《起信论》视为是共通于儒、释、道甚至康德哲学的"共同模型"，如说：

> 顺着《大乘起信论》"一心开二门"之提出，我们今天主要要说明的，是这个"一心开二门"的架构在哲学思想上的重要性。因为就哲学发展的究极领域而言，这个架构有其独特的意义。我们可以把它看成是一个有普遍性的共同模型，可以适用于儒、释、道三教，甚至亦可笼罩及康德的系统。㉟

㉟ 牟宗三：《中国哲学十九讲》，页301。

如此的想法不知是否源自牟宗三本人，不过也已经形成一定的影响力。然而试问：牟宗三究竟凭什么判定《起信论》是一个共通的体用框架呢？究竟我们如何可以确定孟子所谓的"本心"与牟宗三诠释下的象山、阳明一致，而且道生、慧能亦是孟子灵魂之再现？从孟子与当代的距离来说，我们必须首先谦卑地承认并不能确信孟子的原意为何。牟宗三如此确信《起信论》是一个共通的体用框架，只有一个可能性，就是他已经先入为主认为孟子"本心"和《起信论》的"本觉"是一样的意思，才回过头来主张孟子与《起信论》同属于中国人的思考框架。牟宗三认为他看出了孟子和中国化佛教的一致性，并认为这是中国人的哲学精神价值所在，其实毋宁是他误用《起信论》解读孟子。

在牟宗三观点背后有一个关于佛教中国化的过于简化的看法，认为《起信论》乃是以孟子为代表的普遍中国心灵之表现。这个想法存在两个重大的问题。一是孟子的地位问题。多位学者已经注意到：孟子的地位其实在唐宋之间才有显著的提升[36]。如果中国佛教思想（如竺道生［355—434］和慧能［638—713］）受到当时中国心灵的影响，则当时流行的中国心灵并非以孟子为核心，为何佛教会与孟子互相呼应？

其次，根据笔者近年来的研究，最早期的《起信论》注疏跟现在主流的注疏方向不同[37]。早期的《起信论》注疏[38]并未着重强调真如可以随缘起染用的部分，甚至有意淡化《起信论》看似违背了真如作为无为法不能变化的文句。而过去千年来蔚为主流的对于《起信论》的

---

[36] 例如王曾瑜说："孟子在宋代亚圣地位的确立，始于王安石，成于朱熹，与王学、程朱理学两个最大的儒学流派先后各领风骚，有密切的关系。"参见王曾瑜：《孟子在宋代亚圣地位之确立及其影响》，收入田余庆编：《庆祝邓广铭教授九十华诞论文集》（石家庄：河北教育出版社，1997），页491—492。

[37] 参见：John Jorgensen, John Makeham, Dan Lusthaus, and Mark Strange, trans., *Treatise on Awakening Mahāyāna Faith*（New York：Oxford University Press, 2019），"Introduction：7. A Case Study in Commentarial Differences：The Movement of Suchness"，页50以下，该节主要内容为笔者提供。也可参见梅约翰（John Makeham）：《法藏对〈大乘起信论〉的解读：要点及其反响》，页86—90。关于此点全面性的详细论证超出本文的范围，留待未来另文探讨。

[38] 例如传统上归属于昙延（516—588）的《大乘起信义疏》（《续藏经》第45册，编号755）、归属于慧远（523—592）的《大乘起信论义疏》（《大正藏》第44册，编号1843）。

诠释其实是后起的再诠释，由元晓和法藏提出，牟宗三也是接受这个解释㊴。据此，则目前主流的诠释很可能偏离了《起信论》的原意，或至少是放大了《起信论》文本原先没有交代清楚的部分。那么，如果主张《起信论》乃是普遍的中国心灵之表现，试问究竟是《起信论》的原意或是元晓和法藏后起的再诠释才是普遍的中国心灵之表现呢？

　　牟宗三的体系博大精深，加上他时常借用复杂的康德学，往往令学者叹为观止而不知如何契入。在牟宗三的体系内，觉得他讲的都互相融贯、极具说服力，但是面对文本有时却觉得不安。一旦跳出来之后，便可看出他在最根本关键处（例如心和理究竟如何可能合一）并没有交代清楚。从佛学的角度来看，牟宗三关于如来藏（真常心）佛教的哲学诠释，完全与法藏诠释《起信论》同一套思维方式。法藏的诠释哲学上不乏漏洞，障蔽了中国佛教哲学千余年来的发展。牟宗三不察，落入了同一个圈套，令人惋惜。

　　沿着笔者对于牟宗三的质疑，下一步需要做的工作有以下几个部分：检讨牟宗三在《心体与性体》写作之前的其他早年著作，追溯牟宗三如此的思考架构渊源为何。一个最合理的可能性当然是：牟宗三如此的想法直接来自熊十力先生的影响。因此有必要再去追溯熊十力的观点㊵。倘若牟宗三真的是早年受到熊十力的影响，则牟对于

㊴　元晓、法藏之所以提出这个诠释，背后跟中国本土哲学文化无关，而是由于阿梨耶识的语义变迁的缘故。这点牵涉较广，留待另文详论。

㊵　林镇国曾清楚指出牟宗三继承熊十力"重建创生的本体论"，他认为的"创生的本体论"正是本文认为牟宗三尝试建立的"真实的体用关系"。见林镇国：《新儒家"返本开新"的佛学诠释》，《空性与现代性：从京都学派、新儒家到多音的佛教诠释学》，页91。另外，早在1940年代，印顺法师即已经清楚质疑熊十力《新唯识论》（以下引文中所谓的"《新论》"）受到中国化佛教的影响，如说："台、贤、禅所说性体——或心体的能生、能起、能现，大有接近《新论》处，与《新论》所说的大有大空，那里会无所外呢？又如《新论》即体即用的玄学，虽或依据理学者的成说，但这种思想，从何得来！我们知道《新论》所说的'举体为用，即用为体'；'称体起用，即用显体'；'全性起修，全修在性'；'小大无碍'；'主伴互融'；'一多相涉'等；以及'海沤''冰水''药丸'等比喻，在台、贤学者，甚至北朝地论学者，早已成为公式了。《新论》果真无所取于台、贤吗？台、贤果真不出大空大有吗？真常唯心论，在印度与婆罗门教合化的，在中国与儒道混融的，我从佛家本义的立场，是不能完全赞同。然而，这在印度是久已有之，在中国的台、贤更发挥到顶点。《新论》近于此系，也大量的融摄，然而不但默然的不加说明，还故意的抹煞，似乎有所不可！"见印顺：《评熊十力的〈新学论〉》，《无诤之辩》（新竹：正闻出版社，2000），页17—18。

康德的重视很可能是他受到佛学影响的结果。此外，我们还必须确认王阳明是否真有熊、牟如此解读《起信论》相同的哲学架构。期盼未来有更多专家参与解构熊十力、牟宗三哲学诠释的计划，为重新诠释儒家哲学找到更多的源头活水。

隋唐佛教宗派形成的文明史意义[*]

圣 凯[**]

内容提要：隋唐佛教宗派的形成，是佛教中国化最重要的成果，具有深远的文明史意义。本文以"三学具足"作为宗派观念的内涵，探讨隋唐佛教宗派的真理、神圣、生活三大维度与判教、缘起、禅观、祖统、僧制清规等要素。宗派的形成是基于继承、阐释与创新的方法论，也即"差异—同一"的文明交流。同时，宗派的形成意味着中国之大乘佛教"中心"地位的形成，这与印度之大乘佛教"边缘"地位相互映衬，呈现出"边缘—中心"的文明互鉴意义。

关键词：宗派，三学具足，文明史，差异—同一，边缘—中心

在近百年的中国佛教史研究中，"宗派"成为重要范式，并取得了辉煌的学术成果。同时，学界对隋唐佛教是否存在宗派一直争论不休。对隋唐宗派的质疑，是以宗派观念中某一要素的缺失为根据。蓝日昌认为，宗派说中有"代传一人"的观念，这全然不符合唐朝的师弟关系，"代传一人"的说法首创于荷泽神会，只是荷泽神会为提升自己学派的地位而提出的意见，并不是当时共通的观念①。孙英刚指出，隋唐宗派的书写深受日本研究影响，而日本的相关研究又是以日本佛教宗派为背景，日本佛教宗派在政治、经济、社会、文化等领域都产生了深远的影响，有的宗派甚至成为独立的政治势力，但这样的情形

＊ 本文为 2017 年度国家社会科学基金重大项目"汉传佛教僧众社会生活史"（17ZDA233）阶段性成果、清华大学自主科研计划资助成果。

＊＊ 清华大学哲学系教授。（电邮：sgkai@ mail.tsinghua.edu.cn）

① 蓝日昌：《佛教宗派观念发展的研究》（台北：新文丰出版公司，2010），页 162—165。伯兰特·佛尔（Bernard Faure）在剖析北宗禅时强调："'祖师传统'是边缘人物的产品，是他们意欲分享正统性的结果。在禅传统中，正统性并非'丰饶'的标志，相反却是'缺失'的征候。正统性处于边缘，处于该宗派和其他宗教运动——并非全然佛教宗派——转换的边界上，于是禅传统的命运就被决定了。神会的'好战'言论或许是'边界焦虑'（boundary anxiety）。"见蒋海怒译：《正统性的意欲——北宗禅之批判系谱》（上海：上海古籍出版社，2010），页 11。

从未在隋唐时代的中国发生过②。支持隋唐宗派成立的讨论，则要对宗派的要素进行说明。汤用彤强调，"它是有创始，有传授，有信徒，有教义，有教规的一个宗教集团"③。颜尚文将宗派分为两种：一、学派式宗派，仅有宗义与师承关系及微细的派别意识；二、教派式宗派，包含宗义、师承体系、专宗寺院、组织制度与强烈的派别、宗祖、道统意识等因素④。前者指南北朝的涅槃、地论、摄论等诸学派，后者指禅、律、天台等隋唐宗派。他认为宗派的基本因素是宗义与师承，但也提到宗派"创造出独特的宗义和修行方法"⑤。鎌田茂雄在《中国佛教史》第六卷之第四章"隋唐诸宗"中明确提出："本书所说的隋唐诸宗，是指教（教义）和观（实践）兼备的宗派。"⑥正反双方争辩的核心，其实在于如何理解"宗派"。本文将在佛教传统的"三学"视野下，重新审视南北朝佛教与隋唐佛教的差异，确定"宗派"观念的维度与要素，进而探讨隋唐佛教宗派形成的文明史意义。

一、"三学具足"：隋唐佛教宗派的维度与要素

佛教与其他宗教或哲学体系最大的区别在于提倡"三学"——戒、定、慧，此为断烦恼、证涅槃的方法。《杂阿含经》卷二十九说："三学具足者，是比丘正行。"⑦"三学具足"是佛陀弘法的理想、佛弟子修道的共同理想，是"法久住""梵行久住"⑧的根本。依"三学具足"的佛教传统观察南北朝佛教学派，可以发现学派的"师"是以义解的慧学为中心，在戒学、定学方面或有不足。道宣在《续高僧传》卷十五

---

② 孙英刚：《夸大的历史图景：宗派模式与西方隋唐佛教史书写》，收入朱政惠、崔丕主编：《北美中国学的历史与现状》（上海：上海辞书出版社，2013），页363。
③ 汤用彤：《论中国佛教无"十宗"》，《汤用彤全集》（石家庄：河北人民出版社，2000），卷2，页372。
④ 颜尚文：《隋唐佛教宗派研究》（台北：新文丰出版公司，1980），页8。
⑤ 同前注，页8。
⑥ 鎌田茂雄：《中国佛教史·第六卷·隋唐の佛教（下）》（东京：东京大学出版会，1999），页533—535；中译本见小林静乃译：《中国佛教通史·第六卷》（高雄：佛光文化，2012），页586—587。
⑦ 《杂阿含经》卷29，收入《大正藏》（台北：新文丰出版公司，1983），第2册，页210上。
⑧ 《五分律》卷1，收入《大正藏》，第22册，页3中—下。

"义解篇"的"论曰"中,评价梁代三大法师法云、僧旻、智藏:

> 时有三大法师云、旻、藏者,方驾当途,复称僧杰,挹酌
> 《成论》,齐骛先驱。考定昔人,非无臧否。何以然耶? 至如
> 讲解传授,经教本宗,摘文揣义,情犹有失,何得背本追末,
> 意言引用? 每日敷化,但竖玄章,不睹论文,终于皓首,如斯
> 处位,未曰绍隆。若夫立文本宗,诚游义苑,指月之况,不爽
> 先模,随文五失,又开弘诫。然则教为理依,理随教显,附教
> 通理,弘之在人。准此承遵,居然多惑,宁乖此喻,安得相
> 符! 是使梁氏三师,互指为谬,审文纰乱,可有致言,义在情
> 求,情安倚伏其中? 纵达论宗,肃成风素,荣冠道俗,行业相
> 兼者,则开善智藏,抑其人乎! 余则慧解是长,仪范多杂,非
> 无十数翘楚,遵修细行,然定学摄心,未闻于俗,故略言也。⑨

道宣敏锐觉察到,学派论师治学的重心在于经论义理的阐释,通过建立观点、引证文句的讲经方法,在一定程度上深化了经论的研习,观点迭出;但是,论师们观点各异和"学无常师",也造成观念世界的混乱,背离教理之真理表达与修学指导意义,形成"背本追末"的现象。

道宣强调"教为理依,理随教显"。在现代学术视野中,经典文本的思想史亦应转化为含摄修道论在内的观念史,才能彰显出佛教观念之真理维度。道宣对论师们"慧解是长,仪范多杂"且不能"定学摄心"的批判内含有一个前提,即佛教精英需要通过"三学具足"来实现解脱之道。此亦即学术研究应当关注的佛教观念之神圣维度。因此,学派的义理探讨、经论注疏必须转化为指导修道的观念建构,才符合"三学具足"的修道理想。隋唐佛教不仅继承了南北朝佛教学派的丰富思想资源,更基于"三学具足"的理想对南北朝佛教的不足进行了反思与弥补,以戒为核心的律宗与以定为根本的禅宗正是这种反思的产物⑩。

---

⑨ 《续高僧传》卷15,收入《大正藏》,第50册,页548中。
⑩ 圣凯、谢奇烨:《经典、观念、生活:佛教观念史的要素与维度》,《世界宗教文化》2021年第5期,页109。

"三学"更是隋唐佛教徒赖以建立"身份认同"的分类方法⑪。如柳宗元《送濬上人归淮南觐省序》云："金仙氏之道，盖本于孝敬，而后积以众德，归于空无。其敷演教戒于中国者，离为异门，曰禅，曰法，曰律，以诱掖迷浊，世用宗奉。"⑫律师、禅师、法师的称呼是根据唐代僧人的"三学"偏重而形成的。这是通过专业分工的方式，让僧人建立起明确的职责归属⑬。"律师"是习律授戒、以维护佛教制度为己任的僧人；"禅师"不是指禅宗僧人，而是以修习禅观为主的僧人，早期地论、天台、华严各宗人物皆是"禅师"出身；"法师"是译经、注疏、讲解经典的大德。日本僧人圆仁观察和描述九世纪中国佛教，也以"三学"为身份分类标准。《入唐求法巡礼行记》卷一云："说世间无常苦空之理，化导男弟子、女弟子，呼道化俗法师也。……若纳衣收心，呼为禅师，亦为道者。持律偏多，名律大德，讲为律座主。"⑭

"三学"作为僧人的身份标识与专业特长，一直受到后代的关注。如《景德传灯录》卷二十八"越州大珠慧海禅师语"提道：

> 夫律师者，启毗尼之法藏，传寿命之遗风，洞持犯而达开遮，秉威仪而行轨范，牒三番羯磨，作四果初因；若非宿德白眉，焉敢造次。夫法师者，踞狮子之座，泻悬河之辩，对稠人广众，启凿玄关，开般若妙门，等三轮空施；若非龙象蹴蹋，安敢当斯。夫禅师者，撮其枢要，直了心源，出没卷舒，纵横应物；咸均事理，顿见如来，拔生死深根，获见前三昧；若不安禅静虑，到这里总须茫然。随机授法，三学虽殊；得意忘言，一乘何异？⑮

大珠慧海剖析了律师、法师、禅师的不同特点。律师是僧团中的上座

---

⑪ 斋藤智宽依"禅与教"阐述"三学"与"儒佛道"三教。见《中国禅宗史书の研究》（东京：临川书店，2020），页226—227。

⑫ 柳宗元：《柳宗元集》（北京：中华书局，1979），卷25，页683。

⑬ 杨维中：《"宗派"分野与"专业分工"——关于隋唐佛教成立宗派问题的思考》，收入王颂主编：《宗门教下：东亚佛教宗派研究》（北京：宗教文化出版社，2019），页30—35。

⑭ 圆仁著，白化文、李鼎霞、许德楠校注：《入唐求法巡礼行记校注》（北京：中华书局，2019），页69。

⑮ 《景德传灯录》卷28，收入《大正藏》，第51册，页441上—中。

比丘,重在钻研戒律的开遮持犯,同时注重威仪行持,能够为僧团主持羯磨等事宜;法师是僧团中精通教理者,善于讲经说法,能够开启众生的般若慧命;禅师是僧团中修习禅定有成就者,能够明心见性,顿悟世界的现象与规律,获得如来知见。但是,大珠慧海强调"三学"是"随机授法",即由根机差别而在"法"上有三种不同的专业特长,其证悟的旨趣则是一致的。

以"三学具足"为原则审视隋唐佛教宗派,可以揭示"宗派"的观念、修道与制度等内涵。"戒"即制度与生活,"定"即修道观念与生活,"慧"即内敛性、具有某种核心特质的观念世界。就学术研究的方法论而言,隋唐佛教宗派研究需要观念史的视野和路径,因为宗派涉及经典教义、师资传承、修行实践、组织制度等多种要素。对唐末五代以后佛教宗派的研究,更需要综合观念史与社会史的方法,因为此时宗派作为"身份认同"已经进入信仰生活和社会生活。同时,依观念、制度与生活剖析宗派的不同存在形态,探讨宗派观念、宗派制度与宗派生活这三个既相关又相对独立的范畴,有助于理解隋唐、宋元及其后的佛教宗派之异同。

在佛教观念史与社会史的研究语境中,对"三学具足"的追求意味着"宗派"应当具备真理、神圣、生活三大维度。其中真理、神圣是观念史的维度,生活是社会史的维度。

一、在"宗派"的真理维度中,核心观念是判教、缘起。判教是有关教法的主要观念,各宗有不同的判教观念,如地论宗的"四宗判教""通宗圆教"⑯,天台的"五时八教",道宣的"化行二教",法藏的"五教十宗"等。隋唐佛教各宗派的判教延续与综合了南北朝佛教学派的判教体系,同时吸收经论翻译的新成果和对印度佛教史的新理解而有所创新。

"缘起"是佛教的"单元—观念"⑰,隋唐佛教思想家对缘起的创

---

⑯ 参见圣凯:《南北朝地论学派思想史》(北京:宗教文化出版社,2021),页291—371。

⑰ 诺夫乔伊(Arthur Oncken Lovejoy)提出,观念史将哲学理论分解成不同的构成部分,即"单元—观念"。见诺夫乔伊著、张传有、高秉江译:《存在巨链——对一个观念的历史的研究》(南昌:江西教育出版社,2002),页1。

造性解释如地论宗的"自体缘集"与"法界缘起"[18]、吉藏的"中道缘起"、智颛的"性具缘起"、智俨与法藏的"法界缘起"等，代表了汉传佛教的理论成就，而不是印度佛教的原说。

二、在"宗派"的神圣维度中，核心观念是禅观、祖统。解脱是佛教的根本价值，修道则有根机对治的差别。九世纪上半叶，宗密叙述了佛教自传入中国至唐初的状态：

> 此土承袭者，良以去圣时遥，源流益别，况方域隔远，风俗攸殊，翻译流通，三难五失，相承传袭，各党其宗。然魏晋已来，犹崇理观，译经贵意，传教宗心，是以大德架肩，高僧继踵。爰及贞观，名相繁兴，展转浇讹，以权为实，致使真趣屈于异端。[19]

中国佛教界对由义解兴盛带来的放纵散漫，及由偏重经典学问而造成的信仰消退，一直都深怀焦虑，这是来自佛教徒信仰情怀的批判。因此，佛教中国化的关键在于建立适应中国人根性的修道论，这也是禅宗、律宗、净土宗等具有实践意义的宗派出现的根本意义。

禅观是修道论的代表。经典传统与禅观等修道路径的结合，体现了隋唐"宗派"僧人的神圣追求。般若、如来藏与观法的结合构成了天台宗、禅宗的重要特征，如来藏和观法的结合构成了华严宗的重要特征，观佛、念佛构成了净土教的重要特征，信法与如来藏的结合是密宗的重要特征[20]。天台宗的止观哲学、华严宗的法界圆融、禅宗的顿悟是中国化佛教最高的修道论，并且影响了后来宋明理学的工夫论。

当佛教观念进入社会生活，某些神圣维度的观念比真理维度的观念更富有表征意义与教化力量。如《栖霞寺故大德岠律师碑》记载，岠毗（723—797）于大历十四年（779）向大众宣扬自己的心路历

---

[18] 参见圣凯：《南北朝地论学派思想史》，页515—536。

[19] 《圆觉经大疏》卷1，收入《卍新纂续藏经》（东京：国书刊行会，1975—1989），第9册，页329中。

[20] 圣凯、谢奇烨：《经典、观念、生活：佛教观念史的要素与维度》，页108。

程:"吾以律从事,自谓无愧于篇聚矣,然犹未去声闻之缚。既而探曹溪、牛头之旨,沉研覃思,朗然内得。乃曰:大丈夫了心,当如此。"㉑禅宗的兴盛体现了中国僧人对于解脱的向往,戒律规定的制度生活、经典研习与解释皆以"解脱"为神圣的终极目标。

八世纪中叶以后,中国佛教界出现了理论兴趣衰退的现象,葛兆光分析了三个主要原因:其一,普通知识阶层即士人的兴起使整个社会纯学术兴趣消减,导致了知识的简约和实用风气;其二,普遍的战乱导致作为义学中心的大型佛教寺院很难维持过去的盛况;其三,在巨变的社会中,纯粹的理论探究成为不合时宜的奢侈和脱离信仰的屠龙之技㉒。因为社会思潮的影响与战争的摧残,七至八世纪大规模的译经、讲经、辩论和造疏活动,到八世纪中叶以后失去了支持系统㉓。这是中国佛教理论兴趣衰退的外在因素。中国佛教自身的修道论建构——禅师、律师提出和弘扬适合中国人的解脱途径,才是理论兴趣衰退的内在因素。宗密《禅源诸诠集都序》卷二云:"以心传嗣,唯达摩宗,心是法源,何法不备? 所修禅行,似局一门;所传心宗,实通三学。"㉔"三学具足"在此转化为心性的修道模式,即以"一心"统摄三学。

在"宗派"的神圣维度中,最重要的观念是"祖统",即以单一线性师承关系为核心的正统性观念。在地论宗、三阶教、早期天台宗处,"祖师"是"师之师"的现实称呼。随着单一线性"祖统"观念的盛行,"祖师"成为历时性法脉传承中所有高僧的通称。而且,通过正统性与唯一性的观念塑造,所有"祖师"依初祖、二祖等次第相承,形成"代传一人"、次第分明的法脉传承。"代传一人"的"祖统"与枝繁叶茂的"法统"具有观念上的明显差别,前者是差序结构的正统观念,后者是平等结构的真理观念,二者皆可以在佛教中找到经典传统。因此,融合"祖统"与"法统"成为八世纪佛教内部的重要趋势;构建出符合佛教经典传统与历史现状、真理观念与主体意识、提倡正统与融摄他者

㉑ 董诰等编:《全唐文》(北京:中华书局,1983),卷742,页7680。
㉒ 葛兆光:《中国思想史》(上海:复旦大学出版社,2001),卷2,页56—57。
㉓ 同前注,页59。
㉔ 《禅源诸诠集都序》卷2,收入《大正藏》,第48册,页412下。

的新"祖统"，更是唐代禅宗正统之争的中心㉕。

三、"宗派"的生活维度是僧制清规，地论宗的僧制、三阶教的《制法》、天台的《国清百录》、禅宗的《百丈清规》等，都体现了佛教制度中国化的努力。

总之，"宗派"的维度与要素如下表所示：

宗　派	维　度	要　素	
	真　理	判　教	缘　起
	神　圣	祖　统	禅　观
	生　活	僧制清规	

根据"宗派"的维度与要素，隋唐宗派分为两种：一、观念型宗派，如三论宗、华严宗、唯识宗、密宗、净土宗，具备真理和神圣维度，具足判教、缘起、祖统、禅观等要素；二、制度型宗派，如地论宗、三阶教、天台宗、禅宗、律宗，体现出"三学具足"的完整宗派形态，在真理和神圣维度之外还具备生活维度，在判教、缘起、祖统、禅观等要素之外还具有僧制清规。

二、"差异—同一"的文明交流

印度佛教与中华固有的儒家、道家皆属于东方文明，是雅斯贝尔斯（Karl Jaspers）所谓"轴心时代"的两大文明㉖。雅斯贝尔斯论述了不同文明相遇的效果：

> 这三个世界彼此一经相遇，在它们之间便可能存在一

㉕　参见圣凯：《隋唐佛教宗派的"祖统"观念》，《五台山研究》2022 年第 1 期，页 3—8。

㉖　雅斯贝尔斯强调，公元前 500 年左右是世界史的轴心时代，"在这个时代产生了我们至今思考的基本范畴，创立了人们赖以生存的世界宗教的萌芽。不论从何种意义上来讲，都走出了迈向普遍性的一步"。见卡尔·雅斯贝尔斯著，李雪涛译：《论历史的起源与目标》（上海：华东师范大学出版社，2016），页 8—9。

种深刻的相互理解。这三个世界的人们在相遇的时候,便认识到,他人的问题正是自己关心的问题。尽管相距遥远,但产生了相互间共同关心的事件。尽管在他们之间并没有一个客观表现的共同真理(这一真理只能在科学中发现,而科学的方法论是有意识的、必然的,因此这样的真理可以传遍全世界而没有变化,并且有权要求所有人与其合作),然而这一在历史上由不同根源的人们所经历的固有的、绝对的真理,可以相互发现,相互倾听。[27]

佛教作为印度文明的代表进入中国,促成了印度和中国两大"轴心时代"文明之间的"相互发现"和"相互倾听"。佛教中国化的历史进程是印度、中国两大文明的对话过程。根据雅斯贝尔斯的说法,佛陀、孔子是"思想范式创造者",龙树、老子是"原创性形而上学家"[28]。这些"大哲学家"之间的"对话"与"辩论",具有整体性、矛盾性、普遍性,构成了儒佛道三教关系的历史。

佛教中国化的"观念整合""制度适应""生活融合",是通过"他者"映照"自身"的过程,即统摄印度和中国两大文明之间"差异"和"同一"的张力,通过发现"相互间共同关心的事件"而继承两大文明的传统,通过发生"深刻的相互理解"而重现二者的经典智慧,通过"相互发现"而提升两大文明的深度与广度,通过"相互倾听"而涵养中国人的生命境界。"观念整合""制度适应""生活融合"不是自然而然的过程,而是中国佛教对佛教整体——佛(信仰)、法(思想)、僧(制度)的"创造性转化和创新性发展",其问题意识是契理契机中的"常"与"变",其途径是继承、阐释、创新。

第一,继承是佛教作为教化之道得以传播的前提,佛陀制戒的十大理想中便有"法久住""梵行久住"[29],"慧灯相续""薪火相传""正

---

[27] 卡尔·雅斯贝尔斯著,李雪涛译:《论历史的起源与目标》,页15。三个世界指中国、印度和西方。

[28] 卡尔·雅斯贝尔斯著,李雪涛等译:《大哲学家》(北京:社会科学文献出版社,2012),页18。

[29] 《五分律》卷1,收入《大正藏》,第22册,页3中—下。

法久住"是所有佛教徒的共同愿望。佛教徒对佛陀正法的继承，是一种自觉、当下的活动过程，既包含价值、理想、境界等层面的崇拜，又有经典文本、观念体系、哲学范畴等文本和思想层面的"继往开来"与"推陈出新"，更有制度、生活方式等实践层面的展开。因此，佛教徒对"正法""梵行"的继承，是一种"实践过程"，是即时的、鲜活的、有血肉的生活情景历程。

汉传佛教徒面对佛陀"正法"与中华固有文明，皆有继承的理想与愿力，这种"两肩挑"的文明理想与责任才是汉传佛教"观念整合"的真正动力。如《续高僧传・昙延传》记载隋文帝对昙延的尊重："屈宸极之重，伸师资之义，三宝由其弘护，二谛借以宣扬。"㉚由"视师如父""祖师如佛""师资相承""法统""祖统"等观念可见，基于宗教正统性与神圣性的继承意义重大。这是对佛教文明的一种价值认可，证明佛教从域外文明转变成了中国人接受、分享的观念体系与制度生活。

第二，阐释是"观念整合""制度适应"的根本。佛教中国化不仅是梵汉语言的转化、经典原意的阐发，更需要根据中华文明的特质、中国人的根性、儒家礼制文明、道家道教的观念世界等，赋予经典文本新的意义与理解，对观念体系进行新的解释与构建，对戒律制度进行儒家礼制的解释。因此，"观念整合"意义上的"阐释"，是经典、观念、制度、生活的整体阐释，是两大文明之间"相互理解"与"相互倾听"的过程。"继承"的本质不是教条主义或原教旨主义，而是基于阐释的"继承"；"创新"也不是创造无源之水、无根之木，而是基于阐释的创新性发展。道宣在《续高僧传》中说明"论议"的功能："或击扬以明其道，幽旨由斯得开；或影响以扇其风，慧业由斯弘树。或抱疑以谘明决，斯要正是当机；或矜伐以冒时贤，安词以拔愚箭。"㉛南北朝佛教学派的最大特质就是"阐释"，高僧、文人根据自己的理解赋予或揭示佛教经典适合中华文明的意义，既阐明了佛教经典中的普遍真理，又回应了中国人的观念背景与历史生活。所以，"阐释"既是创造性的继承，也是创新性发展的前提。

㉚ 《续高僧传》卷8，收入《大正藏》，第50册，页489下。
㉛ 《续高僧传》卷15，收入《大正藏》，第50册，页549下。

佛道之间"因缘"与"自然"的论争、儒佛之间"神灭不灭"的论争，充分彰显了佛教与中华固有文明之间的"差异"与"同一"。如因缘、自然的"同一"是境界论上的自由，二者的"差异"在于因果必然性与偶然性。"差异"与"同一"构成了文明对话的张力、阐释的可能性与创新的教化意义。儒家孝道与佛教的师弟之道，既有一定的伦理共通之处，更有"互释"的现象。佛教界人士以"师"的角色解释僧人，以"严师"的观念阐释僧众的伦理地位，以教化的"儒行"风范解释僧团生活的社会功能。僧众由此获得进入中华伦理秩序的途径，进而能够回应孝道、不敬王者、不应拜俗的困境㉜。九世纪初开始，中国文人乃至禅宗高僧，根据儒家宗法的大宗、小宗、祖宗、傍正等世系模式解释"代传一人"的"祖统"和"平等传灯"的"法统"，从而形成树状式的"世系祖统"模式㉝。"世系祖统"的内涵来自印度佛教，其表达形式与解释体系则是中国固有的。

第三，创新是"观念整合""制度适应""生活融合"的关键。创新的最终目的在于使中国人接受、实践佛陀的教法，而其实现需要基于固有的文化自信，挖掘佛教观念体系的深层结构，发现终极义理，重新构建全新的汉传佛教观念体系。隋唐佛教宗派体现了中国佛教徒的创新能力，他们将印度大乘佛教传统与中华固有的儒家、道家及道教等观念体系结合起来，通过"互释""改造""转化""活用"，创新禅观体系、清规制度、生活习俗，从而让佛教广泛地适用于时代需要，融合于中国社会和中国文化，使佛教文明的连续性与创新性得到统一。

汉传佛教的创新如"孝名为戒""出家为大孝"，解决了出家伦理与宗法孝道的矛盾。唐末五代以后，禅宗寺院住持取得"人法合一"的神圣地位，"宗门"的"家系祖统"观念形成，并成为唐宋以后中国佛教界最具力量的观念，盛行至今㉞。南宋志磐在《佛祖统纪》中评价元颖《天台宗元录》，说元颖此书"述天台一宗授受之事，自北齐至本朝

㉜　参见圣凯：《中古佛教的师弟之道和孝道观念》，《华林国际佛学学刊》第4卷第1期（2021），页122—144。

㉝　圣凯：《隋唐佛教宗派的"祖统"观念》，页7。

㉞　同前注，页7—8。

元佑，为之图以系道统"⑤。志磐还提到，宋宁宗庆元年间，"铠菴吴克己，因颖录增广之，名曰《释门正统》"⑥。《天台宗元录》与《释门正统》等书的出现，是唐末两宋佛教宗派观念的具体表现。《佛祖统纪》的书写方式则更值得注意，志磐在《释门正统》和迁法师《宗源录》的基础上，"复取大藏经典、教门疏记、儒宗史籍、诸家传录之辞，及琇师《隆兴统纪》、修师《释氏通纪》，用助援引，依史氏法为四佛纪、四祖纪、二世家……成一家之全书"⑦。编纂者方法论意识明确，即"依史氏法"，以中国传统史学的叙事框架成其"一家之书"。志磐在佛教史领域的创新，不仅解决了佛教的现实运作与修道传承问题，更进入了中国传统史学的知识体系。

三、"边缘—中心"的文明互鉴

据吴宓记述，陈寅恪认为佛教在中国的传播是世界文明史最重要的组成部分之一：

> 汉晋以还，佛教输入，而以唐为盛。唐之文治武功，交通西域，佛教流布，实为世界文明史上，大可研究者。佛教于性理之学 metaphysics，独有深造，足救中国之缺失，而为常人所欢迎。惟其中之规律，多不合于中国之风俗习惯，如祀祖、娶妻等，故昌黎等攻辟之。然辟之而无以济其乏，则终难遏之，于是佛教大盛。宋儒若程若朱，皆深通佛教者，既喜其义理之高见详尽，足以救中国之缺失，而又忧其用夷复夏也。乃求得而两全之法，避其名而居其实，取其珠而还其椟。采佛理之精粹以之注解四书五经，名为阐明古学，实则吸取异教。声言尊孔辟佛，实则佛之义理，已浸渍濡染，与儒教之传宗，合而为一。此先儒爱国济世之苦心，至可尊

---

⑤ 《佛祖统纪》卷1，收入《大正藏》，第49册，页130下。
⑥ 同前注，页130下。
⑦ 同前注，页131上。

敬而曲谅之者也。故佛教实有功于中国甚大。……自得佛
教之裨助,而中国之学问,立时增长元气,别开生面。[38]

陈寅恪先生说佛教"足救中国之缺失",指中国固有文化在形而
上学(性理之学)层面的缺失。印度佛教传入中国,并在中国广泛流
布,扎根于中国社会,使中国文明经受了一场由异质文明带来的全新
冲击。印度佛教的很多制度规范、生活习俗和中国原有的风俗习惯
不同,难免与中国人的生活有相互扞格之处。同时,佛教也为中国文
明的发展提供了丰富的资源与对话环境。陈先生所谓"佛教实有功
于中国甚大",正是对这一过程中佛教促使宋明理学形成的评价。方
东美在《中国大乘佛学》中提出,印度佛教与中国文化是世界文明的
两座高峰,中国佛教正是两者相遇的结果,隋唐盛世、宋明理学的出
现皆与大乘佛学有内在关联[39]。

佛教传入中国的"文明互鉴",不仅"有功于中国",同时有功于印
度,但后者的涵意很少得到重视。这种"文明互鉴"的根本是中国佛
教大乘意识的树立,是大乘佛教在印度和中国实现的"边缘—中心"
地位转化。中国佛教的大乘意识萌芽于鸠摩罗什译经,经过齐梁时
代竟陵王、梁武帝的推崇,在佛教内部乃至整个社会逐渐形成重要的
思潮。但是,北方佛教大乘意识的真正确定,是在北魏中后期《十地
经论》等瑜伽行派经论传入后,以地论学派的建立与发展为标志。中
国佛教在吸收成熟的中期大乘佛教思想的基础上,经过自身的创造
性诠释,才真正树立了大乘佛教作为根本[40]。

如肖本(Gregory Schopen)所强调的:"无论早期大乘佛教在中国
是多么主流,它在印度是由一些不同的边缘化少数群体组成的。"[41]中
国佛教一直依赖典籍的传入和翻译来理解印度佛教,所以许多印度
佛教史著作皆是基于经典的思想史,缺乏对印度佛教僧团之现实生

---

[38] 吴学昭:《吴宓与陈寅恪》(北京,清华大学出版社,1992),页10—11。

[39] 方东美:《中国大乘佛学》(北京:中华书局,2012),上册,页20—21。

[40] 圣凯:《南北朝地论学派思想史》,页368。

[41] Gregory Schopen, *Figments and Fragments of Mahāyāna Buddhism in India: More Collected Papers* (Honolulu: University of Hawaii Press, 2005), p. 17.

活的关切。根据法显《佛国记》、玄奘《大唐西域记》、义净《南海寄归
内法传》对印度佛教现实状况的描述，大乘佛教只是作为经典传统的
存在，传播范围非常有限，印度佛教的教团行持仍然是声闻律传统。
大乘佛教处于印度佛教的"边缘"是显而易见的。

　　法显于后秦弘始元年（399）从长安出发前往印度求法，东晋义熙
八年（412）七月十四日归抵山东崂山登岸，次年抵达建康，前后共 15
年之久。法显在求法旅行记录《佛国记》（或名《高僧法显传》《法显
传》）中，记录了经过区域的佛教流行情况。现将相关资料摘录罗列
如下：

类　型	国家或城市 （现在地址）	描　　述
大乘学、大乘寺	于阗国（新疆和田县）	众僧乃数万人，多大乘学……国王安顿法显等于僧伽蓝。僧伽蓝名瞿摩帝，是大乘寺，三千僧共犍槌食……瞿摩帝僧是大乘学。㊷
大乘学	子合国（新疆叶城县西南）	法显等进向子合国，在道二十五日，便到其国。国王精进。有千余僧，多大乘学。㊸
大乘婆罗门、摩诃衍僧伽蓝、大乘比丘	摩揭提国巴连弗邑（印度比哈尔邦之巴特那）	有大乘婆罗门子名罗沃私婆迷住此城里……于阿育王塔边，造摩诃衍僧伽蓝，甚严丽……婆罗门子师，亦名文殊师利，国内大德沙门、诸大乘比丘，皆宗仰焉，亦住此僧伽蓝。㊹
摩诃衍人	摩头罗国（印度北方邦西部马土腊）	诸比丘尼多供养阿难塔，以阿难请世尊听女人出家故。诸沙弥多供养罗云。阿毗昙师者，供养阿毗昙。律师者，供养律。年年一供养，各自有日。摩诃衍人则供养般若波罗蜜、文殊师利、观世音等。㊺
兼大小乘学	罗夷国（阿富汗）	近有三千僧，兼大小乘学。㊻

㊷　章巽校注：《法显传校注》（北京：中华书局，2008），页 11—12。
㊸　同前注，页 16。
㊹　同前注，页 87—88。
㊺　同前注，页 47。
㊻　同前注，页 43。

类　型	国家或城市 （现在地址）	描　　述
兼大小乘学	毗荼国（巴基斯坦东北部，小部分在印度北部）	佛法兴盛，兼大小乘学。⑰
杂大小乘学	僧伽施国（印度北方邦西部）	此处僧及尼可有千人，皆同众食，杂大小乘学。⑱

　　在《佛国记》中，关于大乘的记载有"大乘学""大乘寺""大乘婆罗门""摩诃衍僧伽蓝""大乘比丘""摩诃衍人""大小乘学"等。根据法显的记载，公元五世纪初，大乘佛教在北天竺、西天竺、中天竺、东天竺皆有传播，处于悄然兴起、方兴未艾的状态；而各国普遍流行小乘，二者并行不悖⑲。大乘佛教在公元五世纪的印度，不仅处于"边缘"，而且只呈现为"大乘学"的教义和"供养般若波罗蜜、文殊师利、观世音"的信仰。至于佛遗骨、遗物、遗迹的崇拜，罗汉圣者遗骨、遗迹的供奉乃至多佛信仰等，则通于大小乘。

　　法显在摩揭提国巴连弗邑的"摩诃衍僧伽蓝"获得《摩诃僧祇律》《萨婆多律》，可见该僧团的律制是小乘传统。《出三藏记集》卷十五《智猛法师传》记载，法显游印度后不久，智猛亦到华氏城（即巴连弗邑），遇见大智婆罗门罗阅宗，法显曾于其家获得六卷《泥洹经》，智猛也在其家获得《泥洹经》胡本、《摩诃僧祇律》。罗阅宗问智猛："秦地有大乘学不？"智猛回答说："悉大乘学。"罗阅宗非常惊叹："希有！希有！将非菩萨往化耶！"⑳可见，罗阅宗作为信仰大乘的婆罗门，对律藏、大乘经典皆有很深的造诣。

　　公元七世纪二十至四十年代，玄奘前往印度，详细记录了印度佛

⑰　章巽校注：《法显传校注》，页 44。

⑱　同前注，页 53。

⑲　参见思和：《法显〈佛国记〉所载西、北天竺诸国佛教情况考析》，《佛学研究》总第 20 期（2011），页 38。

⑳　《出三藏记集》卷 15，收入《大正藏》，第 50 册，页 113 下。《佛国记》记载此人为"罗沃私婆迷"，这是梵文 Rājasvāmin 的对音，意为"王所尊者"。参见章巽校注：《法显传校注》，页 91。

教的情况，其著作《大唐西域记》是了解印度佛教历史地理的重要资料。经季羡林先生统计，当时印度崇信大乘的"国"或伽蓝有16个，崇信小乘的有37个，崇信大小二乘的有12个，没有说明或"学无专习"的有17个；大、小二乘在五天竺都有，而小乘的力量比大乘强大得多[51]。当然，从法显至玄奘时代，大乘佛教经过两百多年的传播，已经有所壮大，在一些二人皆曾经过的区域，当地的信仰状况发生了较大变化，从中可以看出大乘佛教的兴盛。列表比较如下[52]：

国家或城市	《佛国记》	《大唐西域记》
乌仗那国	佛法甚盛。……凡有五百僧伽蓝，皆小乘学。	崇重佛法，敬信大乘。
秣兔罗国	经历诸寺甚多，僧众万数。过是诸处已，到一国。国名摩头罗，有遥捕那河。河边左右有二十僧伽蓝，可有三千僧，佛法转盛。凡沙河已西天竺诸国，国王皆笃信佛法。	伽蓝二十余所，僧徒二千余人，大小二乘兼功习学。
羯若鞠阇国	有二僧伽蓝，尽小乘学。	邪正二道，信者相半。伽蓝百余所，僧徒万余人，大小二乘，兼功习学。
伐剌拏国	亦有三千许僧，皆小乘学。	邪正兼崇，不好学艺。伽蓝数十，荒圮已多。僧徒三百余人，并学大乘法教。

乌仗那国、伐剌拏国、羯若鞠阇国等，至玄奘时代，已经从小乘教化区变成大乘流行区。但是，所谓"大乘学"主要是指教义思想和信仰，而非僧团制度。《大唐西域记》卷四说：

> 每岁三长及月六斋，僧徒相竞，率其同好，赍持供具，多营奇玩，随其所宗，而致像设。阿毗达磨众，供养舍利子；习定之徒，供养没特伽罗子；诵持经者，供养满慈子；学毗奈耶

---

[51]　季羡林等校注：《大唐西域记校注》(北京：中华书局，1985)，前言，页81。
[52]　同前注，页85—86。

众,供养邬波厘;诸苾刍尼供养阿难;未受具戒者,供养罗怙罗;其学大乘者,供养诸菩萨。㊳

不同类型的佛教徒都有自己尊崇供奉的祖师,如优波离(邬波厘)是佛陀时代"持戒第一"的比丘,成为学律者供奉的祖师;而学习大乘的佛教徒供养菩萨,这与法显记载的大乘佛教徒"供养般若波罗蜜、文殊师利、观世音"是一致的。

法显与玄奘的记载有两大相同点:一、大乘佛教在印度是一种教义理论的"学"、供养菩萨的信仰,而不是如部派那样形成显著的集团㊴;二、大乘佛教在印度处于"边缘"地位,且不说法显时代,玄奘时代的印度佛教小乘流行区域也是大乘流行区域的两倍甚至更多。义净《南海寄归内法传》卷一记载:

> 其四部之中,大乘小乘区分不定。北天南海之郡纯是小乘,神州赤县之乡意存大教,自余诸处大小杂行。考其致也,则律捡不殊,齐制五篇,通修四谛。若礼菩萨、读大乘经,名之为大;不行斯事,号之为小。㊵

义净目睹兴盛的初唐佛教与八世纪后期的印度佛教,强调大乘是一种礼拜菩萨、读诵大乘经典的实践,与此相反则是小乘。他认为,部派的分别和大小乘的分别是两回事,大乘在大众、上座、根本说一切

㊳ 《大唐西域记》卷4,收入《大正藏》,第51册,页890中。

㊴ 王邦维对此有深刻的论述:"从一方面看,这些大乘僧人在宗教信仰上或者原来是小乘,后来转变为大乘,或者一开始就信仰大乘,而在另一方面,就某种'组织关系'而言,他们仍然具有作为他们原来的(或者说是本来的)部派成员的身份,仍然是那个部派的僧人。他们在信仰上的转变,并不如过去一般所认为的那样,意味着就一定要完全脱离他们原来的部派。他们只是没有在原来的部派里形成一个显著的集团,或者没有某种合适的机会,以致得到'大乘XX部'的称号。实际上,我们可以设想,在每一个部派里,既有一部分僧人信仰新的大乘的学说,也有一部分僧人仍然信仰原来的所谓的'小乘'的学说。如果说在大乘出现前,我们还可以把部派佛教看作小乘佛教的话,那么在大乘出现后,情况就完全不同,不能再在部派与小乘之间划等号了。应该说,这就是公元七世纪时印度佛教的实际历史状况。……部派滥觞于律,而后逐渐在教义与哲学上有新发展,各张其说,而大乘的起源则完全只与教义与信仰有关。"见《南海寄归内法传校注》(北京:中华书局,1995),前言,页83—84。

㊵ 《南海寄归内法传》卷1,收入《大正藏》,第54册,页205下。

有、正量等四部之中，因为大乘僧人执行的仍然是旧有的部派的律㊶。所以，法显、玄奘、义净这些求法僧对印度大乘佛教的看法是相当一致的，这也是印度佛教的历史真实。

同时，在义净的观念世界里，中国佛教是大乘佛教，北天竺、南海诸国则流行小乘佛教，"自余诸处大小杂行"。如义净所述，当时中国成为大乘佛教的"中心"；并且，中国大乘佛教通过向朝鲜半岛、日本等区域传播，形成北传佛教的宗教形态。中国作为大乘佛教的"中心"，是由印度作为大乘佛教的"边缘"衬托出来的。这种"边缘—中心"的地位转换，具有深刻、丰富的"文明互鉴"意义。正如罗阅宗所惊叹："希有！希有！将非菩萨往化耶！"

中国大乘佛教的"中心"地位，是通过对印度大乘佛教的继承、阐释与创新而形成的，其代表性成果是隋唐佛教宗派。雅斯贝尔斯在评价"轴心时代"文明的"精神突破"时说：

> 轴心时代的突破发生之后，在突破中形成的精神，通过思想、著作、形象传达给每一个能够倾听和理解的人，所有轴心时代以后的民族，在感觉到突破的无限可能性后，通过他们对突破把握的强度，以及突破使他们满足的深度，成为了历史的民族。㊷

隋唐佛教宗派亦是"精神突破"的成果，是经过对南北朝佛教学派的反思与选择，经过中国文明与印度文明相遇以后系统、深刻、丰富的冲突、对话、融合而形成的"文明互鉴"成果。

结　语

过往的中国佛教史研究受线性历史观影响，形成"佛教在中国"与"中国的佛教"的割裂。如牟宗三先生在《佛性与般若》一书中说：

㊶　王邦维校注：《南海寄归内法传校注》，前言，页71。

㊷　卡尔·雅斯贝尔斯著，李雪涛译：《论历史的起源与目标》，页66。

　　　　佛教并未中国化而有所变质，只是中国人讲纯粹的佛教，
直称经论义理而发展，发展至圆满之境界。若谓有不同于印度
原有者，那是因为印度原有者如空有两宗并不是佛教经论义理
之最后阶段。这不同是继续发展的不同，不是对立的不同。⑱

　　牟宗三强调中国佛学是印度佛学的"继续发展"，这是"移植论"的观
点。吕澂先生反对中国佛学是印度佛学的"移植"，而提倡"嫁接论"，
他说："中国佛学是印度佛学的'嫁接'，所以中国佛学的根子在中国
而不在印度。"⑲

　　无论是牟宗三的"移植论"，还是吕澂的"嫁接论"，本质上都是线
性历史观的反映，将中国佛教看成印度文明或中华文明的单一的"继
续发展"。这是一种实体主义的生成模式，将佛教看成一棵大树，将
其发展理解为植根于印度文明或中华文明之一。这种模式忽视了隋
唐宗派作为"佛教中国化"的成果，是印度大乘佛教的"中国化"，而非
全部印度佛教的传播与转化。其实，鸠摩罗什、法显、真谛、玄奘、义
净等无数译经僧、求法僧，通过自觉、自愿的"弱组织"形式，将印度佛
教零散地、有选择地传入中国。译经僧、求法僧的翻译与介绍，中土
高僧的讲说、注疏与建寺弘法，如同一条条小溪流，不断地汇入中华
文明。这种历史性、动态性的选择与创新，是世界文明史上非常有典
型意义的文明交流与文明互鉴。

　　引入文明史的视域研究佛教中国化问题，有两方面原因。其一，
如果将"佛教中国化"仅仅视作一种宗教的中国化进程，那么这个概
念是狭窄的，只涉及佛教自身如何转化的问题。实际上，佛教的中国
化是来自印度的佛教文明与中华固有文明接触、交流与融合的文明
互动过程。从文化整体观（holistic view or holistic approach）的角度出
发，佛教中国化不仅与宗教这个单一要素相关，还涉及文化与亚文化
组成的整体结构，以及每一种文化要素之间的内在联系⑳。因此，需

---

⑱　牟宗三：《佛性与般若》（台北：联经出版事业公司，2003），序言，页7。
⑲　吕澂：《中国佛学源流略讲》（北京：中华书局，1979），页4。
⑳　参见石奕龙编著：《文化人类学导论》（北京：首都经济贸易大学出版社，2015），页
17—18。

要将佛教中国化放在更广阔的整体视域中来看待。其二，佛教与中国社会生活、儒道文化之间很难划出泾渭分明的界线，借助文明史的视域，有利于理解佛教在中国流传与发展的过程。

从"文明交流"来说，中国大乘佛教与印度大乘佛教的"同一——差异"关系是经过创造性转化与创新性发展而形成的，断裂大于绵延，而没有走向对立；创新大于继承，但仍然保存了佛陀的根本精神。因此，不能用线性历史观探讨二者之间的关系，不能用"世俗化"的衰败论定位中国佛教相对于印度佛教的发展；同时，也不能用"世俗化"叙事描述中国历代佛教的发展，即以为前代永远盛于当代。"佛教中国化"的成果即"中国化佛教"，这一转型过程是佛教自身作为"主体"的转型，而非基于"主—客"的对立式转型。这样就避免了佛教是否需要"中国化"、佛教中国化是否世俗化的争论。

从"文明互鉴"来说，大乘佛教在印度和中国实现了"边缘—中心"的地位转化。同时，隋唐宗派的形成意味着中国之大乘佛教"中心"地位的形成，这与印度之大乘佛教"边缘"地位相互映衬，呈现出"边缘—中心"的文明互鉴意义。雅斯贝尔斯评价大乘佛教的发展意义：

> 然而大乘佛教却得到了蓬勃发展，它不再只是满足于大众对宗教的需求，同时也使纯粹的思辨哲学达到了新的鼎盛时期。小乘坚持严格的固定戒律、经典，并强调个人的自我解脱以证得阿罗汉果，因此它是比较狭隘的。与此相反，大乘不断地吸收外面的、新的一切因素，保持着开放，除了关切自我解脱之外，而且普度众生，竭力让众生也得到解脱。大乘发展了佛陀的某些思想，尤其是佛陀出于对这一世界的慈悲，希望诸天、人类以对各自有效的方式共同得到解脱的宏愿，而这些正为小乘所忽略。[61]

大乘佛教表达了小乘所忽略的佛陀宏愿，而隋唐宗派也弥补了印度大乘佛教的不足，尤其是制度型宗派，如地论宗、三阶教、天台宗、禅

---

⑥　卡尔·雅斯贝尔斯著，李雪涛等译：《大哲学家》，页116。

宗、律宗,体现出"三学具足"的完整形态,将大乘佛教从其在印度的教义理论与信仰的形态,创造性转化与创新性发展为具有真理、神圣、生活三大维度和判教、缘起、祖统、禅观、僧制清规等多种要素的形态。

隋唐宗派是大乘佛教"中心"的代表性成果。汤用彤提出,隋唐佛学有四种特性:统一性、国际性、自主性、系统性[62]。隋唐帝国完成了南北区域的统一,随之也实现了南方佛教和北方佛教的统一。南方佛教重义理,重视思想的探讨和经典的注疏;北方佛教重功德,重视洞窟修造、经典传抄等行为[63]。南北统一之后,形成了对修道主义的提倡,所以统一性里有修道与理论的统一。国际性是指隋唐佛学的活动特点与影响力。隋唐长安是亚洲当时最有影响力的佛教中心。隋唐佛教思想家中,唯识学者圆测、华严学者义湘是新罗人,华严学者法藏是康居人;另外还有大量的日本求法僧、遣隋使、遣唐使,如最澄、空海。但隋唐佛教主要的思想家已经多为本土僧人,与南北朝时最优秀的佛教学者是西域人或印度人不同[64]。方立天总结隋唐佛教哲学的特点为体系化、中国化、深刻化,此即汤用彤所说"自主性"和"系统性"[65]。概括二人的总结,隋唐佛教哲学的特点为三:创新性、系统性、深刻性,此三者构成了雅斯贝尔斯所谓"精神突破"。

隋唐佛教宗派的文明史意义在于,不仅提升了中华文明的世界性,促进以东亚佛学和宋明理学为代表的"东亚文化圈"[66]的形成,更反过来彰显了印度文明的世界性。以"精神突破"为标准,印度哲学作为"世界哲学"的形成,也是基于隋唐佛教哲学的创新性、系统性与深刻性。

---

[62] 汤用彤:《汤用彤全集》,卷2,页325。

[63] 汤用彤说:"南方偏尚玄学义理,上承魏晋以来之系统。北方重在宗教行为,下接隋唐以后之宗派。"见《汉魏两晋南北朝佛教史》(北京:中华书局,1983),下册,页350。

[64] 汤用彤:《汤用彤全集》,卷2,页328。

[65] 方立天:《中国佛教哲学要义》(北京:中国人民大学出版社,2002),卷上,页49—50。

[66] 冯天瑜在《东亚文化研究书系总序》中提出,"东亚文化圈"得名于地理属性,约指东亚大陆及周边半岛和岛屿,大略包括今天的中国、朝鲜、韩国、越南、日本;依文化人类学而言,这一文化圈共同拥有汉字汉文、儒学、华化佛教、中国式律令制度等。参见福井文雅著,徐水生、张谷译:《汉字文化圈的思想与宗教:儒教、佛教、道教》(武汉:武汉大学出版社,2010),丛书总序,页2。

《齐物论》"大觉亦梦"的吊诡主体与撄宁法门[*]
——兼与牟宗三所诠释的天台、华严相对话

赖锡三[**]

内容提要：《齐物论》在谈及梦与觉的微妙关系时，首次运用"吊诡"这一关键性修辞。而牟宗三则使用 paradox 来译解"吊诡"，并强调它属于《庄子》的特殊思维方式，并将其当作一种辩证智慧来看待。本文将针对《齐物论》有关"梦"与"觉"的文献，贴近文脉给予疏解，尤其将对"吊诡"概念背后的主体模式进行诠释，并由此延伸触及《庄子》的"撄宁法门"之观心工夫。最后也反省牟宗三对《齐物论》吊诡思维的圆教理解方式，并将《庄子》放到华严、天台思维的对照脉络，来反思所谓撄宁法门的合宜归趣。

关键词：庄子，吊诡，撄宁，牟宗三，天台

一、问题缘起：《齐物论》的梦觉文献涉及
"何谓自我"的基源问题

《齐物论》有一值得开发的创造性概念，就是《庄子》在谈及梦与觉的微妙关系时，首次运用了"吊诡"这一关键性修辞。而牟宗三则使用 paradox 来译解，并强调它属于《庄子》的特殊思维方式，把它当作一种辩证的智慧来看待。本文将先针对《齐物论》有关"梦"与"觉"的文献，贴近文脉给予疏解，尤其要对"吊诡"概念进行创造性诠释，再延伸触及《庄子》的观心工夫（本文暂称"撄宁法门"[①]），进而反

* 本文为台湾科技事务主管部门计划"MOST 109－2410－H－064－MY3"（《庄子》的吊诡主体、观心法门与圆教思维）之部分成果。另外也要感谢两位审查的宝贵意见。
** 台湾中山大学中文系。（电邮：chllhs123@gmail.com）
① "撄宁法门"是我和芝加哥大学任博克（Brook Ziporyn）教授在共同思考《庄子》与天台的对话可能性时，碰撞出来的一个用来描述《庄子》工夫论的尝试。其文献基础在《大宗师》女偊的自述："其为物，无不将也，无不迎也；无不毁也，无不成也。其名为撄宁。撄宁也者，撄而后成者也。"（庄周著，郭庆藩辑：《庄子集释》［台北：华正书局，1985］，页253。）"撄宁"是一种钟情于变化、安命于变化的"即妄"观心法门，而非逃离变化、恐惧（转下页注）

省牟宗三对《齐物论》吊诡思维的圆教理解方式,最后将《庄子》的观心旨趣放到华严、天台的思维对比脉络,来反思"撄宁法门"的诠释取径与思想归趣②。

在牟宗三《齐物论》演讲录的第十四讲③,他主要引述两段文献作讲述,第一段触及生死问题(即骊姬悔泣),这段文献最好与《庄子》对死生的大量文献合并来谈,笔者过去曾有文章讨论《庄子》死生观④,加上骊姬文献和梦觉议题关系较远,本文将集中解读第二段有关梦与觉的文献,特别是"其名为吊诡"这段难解的准公案:

> 梦饮酒者,旦而哭泣;梦哭泣者,旦而田猎。方其梦也,不知其梦也。梦之中又占其梦焉,觉而后知其梦也。且有大觉而后知此其大梦也,而愚者自以为觉,窃窃然知之。君乎,牧乎,固哉! 丘也与女,皆梦也;予谓女梦,亦梦也。是其言也,其名为"吊诡"。万世之后而一遇大圣,知其解者,是旦暮遇之也。⑤

这段文献放在《齐物论》脉络,到底要回答什么问题? 最好与《齐物论》前后思想脉络串连,并与《庄子》核心关怀形成视域融合的互文交

(接上页注)变化的"离妄"观心法门。变化带来摧破之残酷,甚至虚无之情调,但"撄而后成"的"即撄即宁"之吊诡智慧,将正观"化则无常",并纳受撄乱生灭。因此"撄宁"具有安于撄乱、不断欲念的"不断断"特质,由此可与天台之观妄与修恶,尝试进行沟通对话。此中详情,仍再挖掘与持续深化,本文是其中尝试之一。

②　本文所以将《庄子》的吊诡思维和撄宁法门,放到华严和天台的对比脉络来加以对照,主要由于牟宗三曾提及《庄子》的吊诡思维涉及"非分别说"的圆教表达,而"非分别说"又是牟宗三分判华严"分别说"与天台"非分别说"的关键理由;尤其华严涉及"真心"设定而与"妄心"有一超越区分,而天台则属"一念心"当下"即妄即真"而打破超越区分。由于本文所诠释的《庄子》观心法门倾向"即妄即真"而远于"断妄证真",加上以牟宗三对《庄子》的理解和判断为检讨对象,因此将讨论延伸至台、严争论,希望借此将问题意识给另类打开。

③　参见牟宗三主讲,卢雪昆纪录:《庄子〈齐物论〉讲演录(十四)》,《鹅湖月刊》第28卷7期(2003年1月),页22—27。

④　参见赖锡三:《庄子的死生隐喻与自然变化》,《汉学研究》第29卷4期(2011年12月),页1—34;《藏天下于天下的安命与任化——庄子"以不解解之"的死生智慧》,《应用伦理评论》第59期(2015年10月),页101—122。

⑤　郭庆藩辑:《庄子集释》,页104—105。

织，才较能彰显文献的丰富意蕴。笔者首先尝试对这段文献进行有关主体流变现象的解读，其次再阐述所谓《庄子》的吊诡主体和吊诡思维。支持笔者如此理解的，主要是可和《齐物论》开头有关"丧我"与"天籁"的讨论，相互融贯、彼此呼应⑥。所以对梦/觉文献的文旨定位，笔者认为它延续了"何谓主体性"的实相探讨，或者说，它持续反思"何谓自我"这一基源问题，只是再次透过梦与觉的暧昧两可，来揭露主体"化而无常"所产生的吊诡现象，也就是主体变化的连续（同一）与断裂（差异）之诡谲现象⑦。底下我先尝试疏解《齐物论》这段文献，以揭示其所暗藏的"化则无常"之吊诡思维。

二、"梦觉颠倒"与"梦中梦"：显示内在他者性与自我复数性

> 梦饮酒者，旦而哭泣；梦哭泣者，旦而田猎。方其梦也，不知其梦也。梦之中又占其梦焉，觉而后知其梦也。且有大觉而后知此其大梦也，而愚者自以为觉，窃窃然知之。君乎，牧乎，固哉！丘也与女，皆梦也；予谓女梦，亦梦也。是

---

⑥ 本文并非将"梦/觉"文献，抽离出《齐物论》脉络而单独论述，反而是建立在《齐物论》文脉的前后背景下，例如丧我、天籁、真君、真宰、是非物论，等等论述基础上而来的进一步讨论。换言之，要精准并深解"梦/觉"文献，确实有必要以《齐物论》的整体文脉为前导，有关"梦/觉"文献与丧我、天籁、真君、真宰等文献的思想紧密关系，由于笔者已有专文探论，不拟重复探讨。参见：《〈齐物论〉的天籁物化与吊诡两行》，《文史哲》（山东：山东大学），不日发表。

⑦ 这是一个或可从"主体形上学"，或可从"主体现象学"，来加以观察并争论的基源问题。本文所谓的"主体形上学"，意指在主体的变化现象背后肯认或预设一个奠基式的形上学本源或形上实体。而所谓的"主体现象学"则不在主体的变化现象背后设立一个形上基石，而是就主体与世界"并生共在"的缘构变化现象进行纯粹的观照描述。简言之，主体现象学的描述进路，具有对主体形上学的批判与还原的解构企图，就此而言，本文立场更接近主体的现象学描述，而不在主体背后建立一个形上学式的根源奠基。例如，海德格（Martin Heidegger）的现象学存有论，从其早期到晚期，便彻底地实现了克服寻找"根据"（ground）的形上学思维，转向"自然涌现"（Er-eignis）的"离据"（ab-ground）思维。据目前诸多研究显示，海德格的此种转向，极可能吸收了道家"道法自然"的思维方式。相关讨论可参见赖锡三：《后牟宗三时代对〈老子〉形上学诠释的评论与重塑——朝向存有论、美学、神话学、冥契主义的四重道路》，台湾《清华学报》新38卷1期（2008年3月），页35—83；后收入《当代新道家：多音复调与视域融合》（台北：五南出版，2021），页1—90。

> 其言也，其名为“吊诡”。万世之后而一遇大圣，知其解者，
> 是旦暮遇之也。

在《齐物论》这段文献里面，首先描述了一个有意思的诡谲现象："梦饮酒者，旦而哭泣；梦哭泣者，旦而田猎。"一般人素朴的自然态度，总预设夜梦与昼旦之间，有条实在明确的界线（就像人与物之间存在着主客分离的明确间隙），而这条界线也区分了真实与虚幻。然而《庄子》认为这仍是令人困惑、值得怀疑的问题。夜/旦之间可以绝对区分吗？梦/觉之间有条明确界线吗（同样，物/我之间可绝对主客二分吗）？这是第一层“吊诡”。夜旦之间，梦觉之间，虚实之间，是否也存在着“际之不际，不际之际”的“吊诡”关系？对《庄子》而言，它仍是个开放性的“未知”问题。不仅形式有此诡谲，就内容而言，《庄子》也注意到耐人寻味的现象：清醒时刻的昼旦我，对照于梦中情状的我，时而会出现一种形象颠倒或情感矛盾现象。例如，有时“梦中我”的情状非常纵情恣意（“梦饮酒者”），醒来时才惊觉白天的“现实我”正处身于悲惨世界（“旦而哭泣”）。如此一来，夜梦世界好似迷宫又像围城而筑出另类自我城堡，它经由改造白昼的悲惨世界，偷天换日地活出美好的夜梦人生。但有些时候，明明在白日意识经历充实美好的欢乐时光（“旦而田猎”），又为何会在夜梦世界里悲苦莫明、自哀自怜呢（“梦哭泣者”）[8]？难以理解的是，旦昼“者”与夜梦“者”，为何自身分裂成两个（以上）面貌？梦中的快乐我与醒时的悲哀我，是“同一”个“自我”吗？它们的真、假、虚、实关系如何拿捏？这些醒梦现象背后都可归属于“同一性主体”吗？如果自我的本质是个“同一性主体”，又为何允许这种矛盾裂变现象？难道“我者”从来就是“复数之我”？难道“主体”本来就处于充斥“内在他者性”的多音复调？我者和他者的关系如何？主体的“主体化裂变”反而才是实相吗？果

---

[8] 夜梦哭泣跟白天的田猎，刚好颠倒，这是一种类似心理学所谓的补偿心理现象。笔者曾写过文章讨论《庄子》的“五重梦喻”触及“其梦魂交”的噩梦连连，以及“至人无梦”的身心内涵，并由此探讨梦与养生的关系。参见拙文：《〈庄子〉的梦喻书写与身心修养：魂交、无梦、梦中梦、蝶梦、写梦》，《中正汉学研究》第 1 期（2006 年 6 月），页 77—109；后收入《道家的伦理关怀与养生哲学》（台北：五南出版，2021），页 449—490。

真如此，不断差异化的裂变主体，难道没有统一的中心或焦点吗？如果有，这样的焦点中心或统一状态，是恒久还是暂时？是一还是多？这一连串问题，都将会在"梦饮酒者，旦而哭泣；梦哭泣者，旦而田猎"的身心现象之观照与省察中，一一迎面而来，有待我们遭逢吊诡、解读吊诡。

白天是个成功的社会人士，夜梦却反显阴影性格而顾影自怜，这代表什么？日常自我显现在别人面前的光鲜亮丽，竟暗藏黝黑身影在背后，暗示了社会性"自我"总是在它的"可见性"视域外，潜藏着"不可见性"的未知场域，而"梦"就像秘密的黑洞隧道，经由一条隐秘的虫洞幽径，让我们进入我者与他者交织并生的万花筒，并以象征方式透露出"交互主体"下的"内部他者性"之浑杂状态。在这种既陌异又熟悉、既复数又混杂的潜意识状态，主体逾越日常预设的固我同一性之薄壳，辗转掉入"汝梦为鸟而厉乎天，梦为鱼而没于渊"⑨的梦化世界，从此进行着卡夫卡式《变形记》般的物我转化游戏。而在这个汝与物、鸟与鱼、海与天"分而无分"的变形世界中，正如《齐物论》"庄周梦蝶"般的物化世界，交互主体下的"我者"到底是一还是多？我与他人、他物的明确边界在哪里？有封有常的边界很稳固吗？经由梦之变形转化通道，你似乎可以是我，我似乎可以是他，庄周可以是蝶、是鸟、是鱼。你/我/他，人/鱼/鸟，在梦中与一切天地万物，像是共同流入了奇异河流，绘画出"际之不际，不际之际"的吊诡画面。这样看来，"梦"似乎成为进入"化"境的极佳通道，至少它开启了一条裂隙，引人窥视"吾与汝交织""物与我相化"的如梦如幻，而这种梦幻到底是荒唐无稽？还是真实不虚？抑或是"即虚幻即真实"？吊诡难知也！

接着它说："方其梦也，不知其梦也。"一般人在做梦的时候，几乎就完全只活在梦意识中，以为正在梦着的世界就是唯一且真实的世界。换言之，当我变形为梦中鸟，转化成梦中鱼，心识情况就会像庄周梦蝴蝶所描述的那样，当周在梦为蝶的状态时，反而会"不知

---

⑨ 《大宗师》："相与吾之耳矣，庸讵知吾所谓吾之非吾乎？且汝梦为鸟而厉乎天，梦为鱼而没于渊。不识今之言者，其觉者乎，其梦者乎？造适不及笑，献笑不及排，安排而去化，乃入于寥天一。"郭庆藩辑：《庄子集释》，页275。

周"也,完全自以为"我是蝶"而翩翩飞舞。非常吊诡的,当我们梦为鸟、梦为鱼、梦为蝶时,那个"梦中我"的状态,不正是自认为鸟、自以为鱼而"栩然蝶也""悠然鱼也"的意识状态吗? 反而只有当人们醒来时才能回忆,或在刚醒来的当下短暂时刻中,才会朦胧意识到刚刚似乎做了不真实的噩梦或好梦。换言之,这两个世界(梦中虚幻/醒来真实)的初始区分,是在梦/醒之间的"交际"状态下,才被对比性地意识到,然而当你还在梦中状态的时候,"方其梦也,不知其梦也"。大部分人并不具备一种观照能力,敢于同时宣称:我正在看着或者意识着做梦的我。由此我们可以尝试想象,现在自以为醒着并自认具备清醒意识,而且正在写作这些文字的当下之我,并不真能确知现在自以为此情此景的真实我,是否有可能正好就是我在梦中思考、梦中书写的"不知"情境? 换言之,此情此景的自以为"自知",是否藏身在更大脉络的"不知"世界中呢? 事实上,我们确实不能完全排除:现在正在写作的我,可能就正好是在梦中世界进行"自以为知"的梦活动、梦现象。而且因为在"方其梦也,不知其梦也"的限制下,我们似乎无力觉察并确知这件眼前写作的活动,是在实境脉络中? 还是在梦境脉络中? 而这一老问题依然缠绕着我们,实境与梦境的出入交织脉络,又要如何断个清楚,讲个明白?

这似乎又是一种吊诡:做梦状态中的那个我,经常存在得很鲜活很真实,有时候醒来发现自己吓出一身冷汗,心脏颤动飞快,显然梦中意识状态也具备影响生理的力量。也就是说,有时梦中那个能量饱满的情意我,可辨示度并不一定比日常意识我更低。如果我们尝试改从力量或能量来作为虚实的辨示指标,那么我们将面临另一种吊诡,就力量的存在感来说,梦中的实感未必低于日常意识。"梦中我"也可能很有存在感,有时甚至比浑浑噩噩的日常状态更强烈。所以人们有可能不断重复做着类似的梦,因为这种具有家族类似性的梦,可能反映出人心幽暗密窟的创伤或情结,而创伤经验所积累的能量将不断把人们卷入力量涡漩,并在梦状态中再三经历那股巨大能量,让梦中我如履薄冰、如临深渊。而这种能量的实感状态不就是某种意味的实在吗? 如此又回转到老问题,"梦"与"觉"哪种状态可以宣称唯一真实？两者有无绝对边界？主体从一种状态流变到另一种状态，通道或界限是否可以截然二分？这一流转迁变的主体转化过程，对于我们思考"何谓自我"将带来什么挑战？这些问题，也都是"梦"现象所蕴含的吊诡性难题。

上述文献中，还提到一个有意思的"梦中梦"现象："梦之中又占其梦焉。"许多人曾经历在梦之中又经历到自己在做另一个梦。平常潜意识被人们的理性意识所监督，用理性的自我防卫把它保护住也压制在意识底层里，但还有一些很深沉很黑暗的创伤，我们完全不敢触碰或者连想都不敢想，它们就逐渐被遗忘在意识的最最底层。可是因循着梦中世界所打开的幽秘通道，"行行复前行"，它有可能让我们进入到那甚深极甚深的能量漩涡里，于是在那"梦中梦"的暗黑能量世界里，我们有可能再经历一个更虚妄（或更真实？）的存在感。换言之，梦中还有梦的再分化现象，反映出"梦中我"也并不是铁板一块的同一性之我，它仍然是可再裂变的复数我。可以说，"梦中我"是"现实我"的内在他者性，而"梦中梦的我"又是"梦中我"的内在他者性。而且我们也一样无法在"梦中我"与"梦中梦的我"之间，找出任何明确的虚实界限，它们的关系仍然是"际之不际，不际之际"的吊诡状态。换言之，自我的深处与再深处，潜伏着我无法全然给予"同一化"的"内部他者性"，而他们似乎既与自我分裂，却又同时构成了我的多元面向。原来，"我者"比我想象的还要深不可测，还要广大绵延，因为它内部有许多密道通向自觉（自知）和不自觉（未知）的"他者"世界。因此也可以说，我和我自己的关系，既熟悉又陌生，既当下亲近又无限深渊。

其实"梦中梦"的现象，我们可以尝试用某种类比的方式来理解，例如"觉中觉"的现象。我所谓的"觉中觉"，是指有些人（如所谓觉悟者）经常会以某种态度宣称"人生如梦"，这似乎意味着他正以某种"超然意识"在"观照"眼前的"日常意识"，并将眼前日常"意识"类比为某种"如梦"状态。上述"觉中觉"的第一个"觉"是指一般的"日常意识"，而第二个"觉"则意指能觉察日常意识"恍然如梦"般不断流转变化的"观照意识"。若用《庄子》"化而不化，不化而化"的吊诡修辞来说明，能观察日常意识的变化流转（化）的观照作用（不化），就是这种"化而不化"或"觉中觉"的体会。但进一步的问题是,这个所谓"觉中觉"或"化而不化"的明觉状态,或者"照之以天"般的觉照主体,是否从此就能够具备"常乐我净"一般的永恒主体性,而跳出上述虚实难分的吊诡呢?这就好像《齐物论》是否肯定了这么一个"超越而真常""实体而自性"的"真君"与"真宰",从此可以让我们破除虚实难分、自他难解的尴尬⑩? 这个问题,正是底下文献所要回应或解答的难题。

三、"大觉亦大梦":没有常住不化的大觉主体

上述"觉中觉"的类比与提问,其实就是《齐物论》梦觉文献本身的隐含内涵,因为当上述《齐物论》文献说"觉而后知其梦也",这个脉络的"觉"便是指一般醒来的意思,一旦醒来才发现刚刚好像进入一个很遥远的梦中界。刚才在梦的彼岸做了一个极其真实的旅行,现在醒来之后,意识回归此岸的真实躯体,又顿然认出眼前稳定的物质界才是实在,刚才只是做了一场遥远而虚幻的梦。这个描述很有意思,如果先前文献是在说"梦中梦"的主体状态,"觉而后知其梦也"这句话,就是反过来讲,现在从梦中苏醒过来(某种意味的觉醒),开始以另类方式去观察日常意识,从而洞察到日常意识好像也有类梦现象。或者说,日常意识也可以展开"觉中觉"的观察与省思。于是打开了《庄子》对观照主体的进一步描述,这里便可间接呼应于《齐物论》早先提及的,到底有没有真君与真宰的存在问题。以下尝试进一步说明。

"且有大觉而后知此其大梦也","大觉"可对照于"觉",而"觉"可对照于"梦"。我们在睡觉后醒过来,对照于"梦"的意识状态来说,

⑩ 这个问题也是在问,接受了一切"固将自化"的《庄子》,为什么还要使用"不化""镜子""天均"这些意象来表征自我? 或者佛性论的说法是不是跟"诸法无常"的基本教义相互矛盾? 任博克和我在近期的对谈里,正面提出了这个问题,并构想一种吊诡主体以联系《庄子》与天台的自我观。读者可以参考任博克(Brook Ziporyn)、何乏笔(Fabian Heubel)、赖锡三:《关于〈庄子〉的一场跨文化之旅:从任博克的 Wild card 出发》,《商丘师范学院学报》第 34 卷 5 期(2018 年 5 月),页 1—26;《庄子与天台的吊诡性思维:延续 Wild Card 的跨文化对话》,《商丘师范学院学报》第 34 卷 7 期(2018 年 7 月),页 1—30。

这种日常意识便可说是"觉（醒）"。然而《庄子》提到在一般日常意识（觉）的人群中，有些人能够培养一种观照的工夫，使他能够敏锐洞察到日常意识（觉）其实和梦中意识（梦），同样具有迁流不息、化而无常的"如梦"特质。两者之间并不是绝对的异质异界，甚至因为两者都不离于"化则无常"的力量流转，使两者"分而难分""异而不异"。只是梦中的"化"之表现，流变速度快而强烈多了，而日常意识看似"固而不化"的事物，其实只是"化"的速度较缓、较不强烈而已。打个比喻来说，"梦中的化"似乎只是"日常的化"之放大放快之特写影像，而这个比喻也意味着日常意识中的所有事物都有类梦特性，它们同样分享了"化而无常"的流变实情。只是一般人的日常意识，由于"名以定形"的对象化习惯太久，错觉地自以为活在一个"固而不化"的定性世界。久之，反而以日常意识这种知见习惯（成心之知）而将自身视为稳固不变的真实自我，而反将梦中流变不居的"化"之现象，视为纯粹虚幻不实。但如果变化无常、一切皆流才是共法实相，那么更加显示流变不居的梦中世界，是否反倒可以成为领悟实情的方便法门呢？而大觉者的"人生如梦"之隐喻，是否也同时反映出"梦幻通达于实相"的吊诡法门呢？

"且有大觉而后知此其大梦也"，就是指有种人能细微地觉察眼前意识的种种现象，并洞察日常世界的一切，也都共享了"如梦"的"化"之秘语。这种说法表示他能微观眼前"牵一发而动全身"的生活世界，绝不是那么固定不变、恒常不化的状态，反而能处处体认、随机省悟"沧海即桑田"的"人生如梦"。这种觉察"人生如梦"的真人，《庄子》乃暂时称其为"大觉"。因为他能知道不只睡觉做梦时才是梦，眼前所谓真实人生也具备如梦特质，甚至体会了人生实相也还是不离于"人生如梦"之大梦。然而"大觉"者所体会的"大梦"人生，到底是什么意思？会不会掉入虚无主义？其实上述不管是"梦见梦"（梦中还做梦），"梦"（夜中做梦），"大觉梦"（体察人生如梦），这一系列有关"梦"的家族类似性说法，都只是为了突显"一切皆流"的"化"之现象，绝非否定这些不同意识状态的存在现象。对于《庄子》来说，说它们都是"虚"（"化则无常"而显示非体性，故谓之"虚"），或者说它们都是"实"（实际发生而存在过，故谓之"实"），两者皆可(虚实两可)[11]。它们在各自脉络中各自示现出特殊状态,但没有任一状态可脱离其脉络而宣告拥有普遍脉络的适用性,就算大觉也一样不能脱离脉络。若要说大觉有任何特殊性的话,乃在于大觉只是更加觉察于:一切皆流的变化乃体现在各式各样的脉络中,并且不宜将任何脉络给予有封有常地绝对化。换言之,大觉不是进入无脉络(不变化)的真常之道,而是因为无住于特定脉络,从而更能通达于其他脉络。而且能洞察到脉络与脉络之间:"既虚又实,既实又虚。"由此可见,观照梦/觉之间的"际之不际,不际之际"等现象,将会洞悉"梦之隐喻"可以成为特写"化之哲学"的绝佳代言。而吊诡思维与吊诡修辞,则能将"既虚又实,既实又虚"的暧昧两行,给予揭露[12]。

然而相对于"大觉者(觉大梦)"的一般人,却落入了"愚者自以为觉"。这是在嘲讽,一般人缺乏对"化而不固"的细腻体察与如实纳受,反而习惯性认定日常事物(例如我之见解、我之坚持、我之信念),皆稳固如石,会天长地久,可长住不变。这就像现在正在书写的我一样,一不小心,会自以为很真实地在解读《庄子》文本的唯一真理,并希望别人也相信这唯一可信的真我,正在真实不虚地写下普遍真理。一不小心,这种坚执便成了"愚者自以为觉"的固我习僻,掉入"喜怒为用"的载浮载沉,便难免要经历"喜怒哀乐,虑叹变慹,姚佚启态"的

---

⑪　两可(ambiguous)、两可性(ambiguity)取自任博克的用语。在天台宗看来,事物的"空性"(Sunyata)与其说是空虚、无自性、无有实体性(这些用语容易因文害义,而有蹈空之嫌),不如以更切身不离的方式表达为"无穷的两可性"。当我站在书店角落专心地看书时,我无意造成困扰、不想带来任何麻烦,下一刻,却可能有人走过来告诉我,我的出现妨碍了他的工作(他正要找一本书、正在为书籍上架、正要从走道通过,或者正打算拍一张没有闲杂人等的自拍照)——这样的经验告诉我们,任何一件事物的存在与性质,从来就只是单一种脉络的:首先,我可能只从自身的视角看待世界,而与此同时,我的存在其实也隶属于他人的视角,尽管后一种脉络,是在经他人提醒之后,才被我意识到。参见:Brook Ziporyn, *Emptiness and Omnipresence* (Bloomington:Indiana University Press, 2016),pp. 37 – 53。

⑫　笔者所谓"化而不化,不化而自化"的主体状态,任博克喜欢用 ironic coherence 或 ironic harmony、ironic identity 来描述。因为《庄子》这种 coherence 不是取消差异的整体性融贯或和谐,《庄子》这种 identity 也不是有一实核不变的同一性自我。正如任博克在讨论《齐物论》的天籁也,也强调万籁众响背后没有统一的怒者,以及知情意流变不定的背后没有一个统一的真我,而是不断在对偶性中相互转化以至于无穷止的过程。换言之,"非同一性"(incoherence)的转化,反而一再被带到"同一性"的内核里来。参见:Brook Ziporyn, *Ironies of Oneness and Difference: Coherence in Early Chinese Thought*;*Prolegomena to the Study of Li* (New York:SUNY Press, 2013),尤其第四章讨论庄子的部分:"Zhuangzi's Wild Card:Thing as Perspective", pp. 162 – 182。

"乐出虚,蒸成菌"的梦化洗礼。而在《齐物论》讨论真君、真宰之前的文献脉络中,《庄子》就已经先对这种"自是非他"的人生景况进行了反讽[13]。愚者却自以为觉,"窃窃然知之",反讽我们经常自以为是,自认为确实地知道了何谓真假、何谓对错的绝对可靠图像,所以"固而不化"地迫人从己、依我而行。却完全不愿观照"夫固将自化"的"行年六十而六十化"之"昨是今非"的不断脉络化现象。原来行年五十九的"是",乃建立在行年五十九的前后左右脉络中而成其为"是";而当脉络转化到行年六十时,行年五十九的"是",也就可能成了行年六十的"非"了。时空脉络的不同将转化出不同的"是"与"非"。也因此,任何特定时空脉络下的是与非,都将同时具有"俱是"又"俱非"的模糊不定性。而那种"自以为知""自以为是"的"固我"心态,必然所无逃于那"夜半有力者"的无常力士,正悄悄然、无声息地把一切都"负之而去"的真正实情。这个夜半力士便是隐喻着,时空不断转换、因缘不断重组下的"夫固将自化"的变化力量。只是"自以为觉"的一般人,完全"昧者不知"而已[14]。倘若昨日之是,成了今日之非;今日之是,将成明日之非。我之大是,成了彼之大非;彼之大是,成了我之大非。那么我们又要如何确知真是与真非?《庄子》的"自化"(尤其自我在时间历程中不断发生变化)与"互化"(尤其自我在空间场域中与他者不断互相转化),在在提醒了我们,自以为的"自知"与"固知",都将被自我反讽且反讽了自我,并且经由这无所逃的反讽,让我们重新正视于脉络的新变化,而因循敞开于变化的新脉络。

"君乎,牧乎,固哉!"[15]其中的"固"很关键,因为上述这个对话是

---

⑬ 《齐物论》:"大知闲闲,小知闲闲;大言炎炎,小言詹詹。其寐也魂交,其觉也形开,与接为构,日以心斗。缦者,窖者,密者。……喜怒哀乐,虑叹变慹,姚佚启态;乐出虚,蒸成菌。日夜相代乎前,而莫知其所萌。已乎,已乎!旦暮得此,其所由以生乎!"郭庆藩辑:《庄子集释》,页51。

⑭ 《大宗师》的比拟最是传神:"夫藏舟于壑,藏山于泽,谓之固矣。然而夜半有力者负之而走,昧者不知也。"郭庆藩辑:《庄子集释》,页243。

⑮ 牟宗三底下的解释,显示他并未掌握这里的关键问题:"'固哉'是慨叹词,就是慨叹'君乎牧乎'这种人的固陋。'君乎'与'牧乎'连在一起,是一个情感语句。……照我的看法,'君乎牧乎'就是我们平常呼'天呀!'就是这么一个感叹语句,表示情感,它本身没有甚么意义。……这就好像西方人动不动就说 my God,中国人随便就呼'天',这个地方,'君乎牧乎'就是那个意思。"参见牟宗三主讲,卢雪昆纪录:《庄子〈齐物论〉讲演录(十四)》,页23。在此,牟宗三仅以感叹语解,完全没有意识到"君乎,牧乎,固哉",可视为《庄子》对"固而不化"的批评。

针对着孔子讲的。孔子所代表的儒家立场，就是"君乎，牧乎"，就是要一心一意实践其理想于"君"于"牧"。"君"代表儒家的圣君圣王，要把他内圣的道德理想推扩成一个外王王国，实践理想然后普及他人的"牧"人事业。"君乎，牧乎"反映出儒家非常坚持"以己出经式义度"来"治天下"的志业与作为⑯。儒家这些典范性的自我实现，大体类似于《逍遥游》中的"知效一官，行比一乡，德合一君，而征一国者"，他们的共同特征是"劳神明为一""其自视也亦若此"，不免于自我中心、道德中心的"以自视""以己出"的"固哉"倾向。他们也是《庄子》在言及"至人无己，神人无功，圣人无名"的"三无"修养时，所要进行的转化对象。放在梦/觉文献这个脉络来看，《庄子》正透过对"君乎，牧乎，固哉！"去反省那些自以为能君人、自以为能牧人的"以己出经式义度"的自我施设，过分地自以为可用自己的唯一方式，经天纬地般地想要"终极解决"所有问题。这种想法不正像是"固而不化"的"大梦"吗？这样的"真梦想"，不也是"大虚幻"吗？

"固哉"就是"固而不化"。"固"隐含一种执定性、意志力、实体性、实在感。"固"对比于梦，"梦"某个意义之下是幻是虚、化而不固。因为梦一直在改变，在梦中所有的东西都一直在流转，所以梦也常让我们感觉不真实。"梦"的主体状态不是理性的、逻辑的，也不完全自我连续，它经常断裂、时常改变，让我们感受到幻化不定。《庄子》借由这个方式去说"丘也与女，皆梦也"，其实也就在暗示说，那些"以自观之"而宣称的"君乎，牧乎"之道德真理，都不可以过度偏执而遗忘了"夫固将自化"的流变命运。我们不可妄想事物有被"终极解决"的迷思，任何自以为高超的理想与作为，终究都要在不同的新脉络下持续演化出我们难可预知、不可控制的新问题新变局。正如《老子》："祸兮福之所倚，福兮祸之所伏。孰知其极？"例如眼前自以为出自道

---

⑯ 《应帝王》："君人者，以己出经式义度，人孰敢不听而化诸！"（郭庆藩辑：《庄子集释》，页290。）但习惯"以己度人"的，不仅仅只是君王而已，其实这种自视自矜的心态，也相应于《人间世》未达"心斋"之前的颜回。不同的主义与主义、立场与立场、自我与他人之间，除了正面对决的碰撞之外，还有没有另一种互通有无的可能？读者可以留意，我所尝试描述的吊诡沟通以及任博克所谓"感化"力量，都可以对"以己出经式义度"的"君牧"思维，进行"批判的批判"。参见任博克、何乏笔、赖锡三：《庄子与天台的吊诡性思维：延续 Wild Card 的跨文化对话》，页1—30。

德的"以己出经式义度"之强加治理,也有可能导致全然未期的苦难与异变。因为任何"以己出经式义度"的"固而不化"之道德理想,其实也已可能种下不宽容、难纳异的变化种子了。换言之,并不是道德不好,而是固执固我的道德唯我化、真常化,封闭了"化而不固"的生机。"丘也与女,皆梦也",正是要借由如梦如化的自我转化,来转化自我真理化、绝对道德化的虚妄狂大。

四、"其名为吊诡"：让不同流动视角
可以共在与交换的界面

最有意思的是,《齐物论》最后强调:"予谓女梦,亦梦也。是其言也,其名为'吊诡'。"这正是本文处处诠解"吊诡"思维之文本来源。《庄子》提醒我们：现在正在讲述"君乎,牧乎,固哉！丘也与女,皆梦也;予谓女梦,亦梦也"这番体会的"大觉"主体("予"),它其实也不能离开如梦如化的实情。"予"这个观照"一切皆流"并洞悉"人生大梦"的"大觉"主体,本身是不是意味着从此离开了如梦如化的世界,成就了一个完全不在变化现象中的形上本觉？"大觉之予"是否已能完全超然于流变之外,"常乐我净"地拥有它不落变化却能推动一切变化的形上基点？这便牵涉我们怎么理解《齐物论》前半部所讨论的真君或真宰。有没有一个可以超越无常,超越变化,永恒不变的真我、自我、实体,作为一个真正觉醒的基础者、不化者,并借此可以抵抗如梦如化的虚无恐怖？从这段梦/觉文献来看,《庄子》大概会认为这是没有的,虽然它不会反对人们利用"形上冲动"去建构它并相信它,但它仍然只是暂时虚设的方便法门而不可执实。所以《庄子》才说"予谓女梦,亦梦也",也就是觉悟的人生,观照人生如梦的大觉者,或者具有"体三无"能力的真人(至人无己,神人无功,圣人无名)——他们的观照、神思状态看似具有"不化"之凝敛性情,但其实依然在梦中,依然不离"不化而化"的一切皆流。这个真君(看似"不化"的观照者),其实依然在时间的流变中,依然在如梦如化的变化中,依然是在"不化而化"的状态中,才能观照着"一切皆化"的流变现象。我们无法将"大觉之予"从"一切皆化"中独立出来,并将其预先看作是一个

"不化"的超越性真君或形而上真宰。所以《庄子》最后要强调,谁能了解"予谓女梦,亦梦也"的"化而不化,不化而化"的吊诡修辞的人⑰,这就好像是万世之后,有位空谷足音的知交至友,千里迢迢来到眼前,与我心心相印拥有同样感受,彼此"莫逆一笑"地那样令人欢喜。因为这位跨越古今、跨越时空的朋友,他一样能彻底明白"吊诡"普遍存在于日常/梦中/梦中梦以及大觉的世界。因为"化而不化,不化而化"的吊诡现象,无处不在,当下现前。"万世之后而一遇大圣,知其解者,是旦暮遇之也。"好像在千万年后的某一时刻,心心相印地超越了文化差别、空间距离,在"相与于无相与,相为于无相为"的吊诡智慧中,旦暮相遇。庄周千万年前,这样期待着未来的读者与友谊,能超越过去/现在/未来的线性时间,直接"即古即今"地"旦暮相遇"于吊诡共在状态。

据笔者所知,《齐物论》是中国哲学史首次出现"吊诡"这一关键概念的原出处,而从它在《齐物论》的文脉看来,必也是一个高度原创性的概念。此之谓"吊诡",透过梦与梦中梦、梦与觉、人生与大觉、过去与现在、现在与未来等等界面的"虚实难分""模棱两可""际而不际"的观察与反思,暗示出了自我/人我/物我"之间",过去/现在/未来"之间",观点/观点"之间",都难以找到铜墙铁壁的明确界线。不但找不到历然分明的断际线,甚至让"之间"成为了可以相互遭遇的切面,让分际的两边有了旦暮相遇的转化契机。如此一来,"吊诡"让看似极远、冲突对立的两端立场,相遇相化而成为了两可两行。

---

⑰　任博克:"This phrase has given commentators many headaches. It is Zhuangzi's coinage, used in modern Chinese to translate 'paradox.' Both Wang Pang and Zhu Boxiu give readings that support this, reading the two characters as contrasted in meaning: 'Just right but [regarded by the mass of people as] super weird.' More generally it is blandly glossed as something like 'The Supreme Swindle,' or 'The Ultimate Monstrosity.' Taking the phrase more literally, the present translation is a bit more adventurous. The implication is that to merely judge these paradoxical words as 'true' or 'right' (*shi*) is a way of killing off their salutary strangeness, and then eulogizing the corpse with these laudatory titles 'true' and 'right.' Better to leave them unjudged and fully strange, evoking the Radiance of Drift and Doubt. Note that this speech begins with a repudiation of taking the reported wild outlandish words as either true or false." Brook Ziporyn, *Zhuangzi: The Complete Writings* (Indianapolis: Hackett Publishing Company, 2020), p. 27。

五、"际之不际，不际之际"的物我吊诡状态

主体或自我的变化现象，涉及《庄子》根本性的哲学立场，也就是"化"的世界观，例如变化、造化、气化、物化，大体皆可用"化则无常"来总摄⑱。如通过气化去理解"道"，特别可将"道行之而成"的变化流行给呈现出来。它突显"道"并非外部超越，并非先验存在的形上道体，道就内在于物化交换的有形历程之中。"道行之而成"的动态流变性格，可透过"游乎天地之一气"，"通天下一气耳"，"乘天地之正，而御六气之辩"，等等气化修辞来表达⑲。而"气化"流行又具体表现为千差万别的"物化"交换，也就是"不可见性"的"气化"流动，要在可见性、殊异性的"物化"交换来具体呈现。而所谓"气化（一）"，同时也透过"负阴抱阳（一即二）"的"即阴即阳"之"相互对偶"又"彼此转化"的吊诡结构来运行⑳。换言之，气化会表现为千差万别的物化，在于"负阴抱阳，冲气为和"的吊诡运动，以促使"即气化即物化""即无（不可见）即有（可见）""即一（连续）即多（差异）"的力量游

---

⑱　"化则无常"语出《大宗师》，此一概念可能是《庄子》最早创用的语词，它显示"化"和"无常"的相通，可以说，"化"本身就蕴含"无常"之义。因此从某一角度说，《庄子》的变化观就是佛教传入中国之前最早的"无常观"之源头。只是后来择用《庄子》的"无常"去翻译佛教的"缘起"时，经常忘记这一概念本源自《庄子》。

⑲　在笔者看来，气化论的语言并非只见于外、杂篇，况且笔者也不完全同意将内、外、杂篇绝对分立。此外笔者所谓，内篇的"气化"论语言和"物化"论语言，要合在一起观察，它们都是《庄子》"化"之哲学的丰富化表述。关于《庄子》"即气化即物化"的变化哲学立场之澄清与辩护，可参见笔者对法国学者毕来德（Jean François Billeter）反对《庄子》气化论的回应。赖锡三：《身体、气化、政治批判：毕来德〈庄子四讲〉与〈庄子九札〉的身体观与主体论》，《中国文哲研究通讯》第 22 卷 3 期（2012 年 9 月），页 59—102；后收入《道家型知识分子论：〈庄子〉的权力批判与文化更新》（台北：五南出版，2021），页 153—208。

⑳　对此，安乐哲（Roger Ames）、郝大维（David Hall）底下观点可参考："从认识论来说，与上帝无所不在的宇宙秩序等同的概念就是两极性。这种两极性要求相互关联的概念事实上是一种对称关系，每一个概念通过其他概念得以充分阐明。当然，这在中国传统思想中是毋庸置疑的，其中最典型的例子是'阴'与'阳'的概念。'阴'不能独立于'阳'而存在，反之亦然。'阴'一直处于向'阳'转化的过程之中，而'阳'也一直处于向'阴'的转化过程之中。'黑夜'始终在向'白昼'转化，而'白昼'始终在向'黑夜'转化。"转引自马思（Massimiliano Lacertosa）、张政、梁燕华：《〈齐物论〉之非形而上学解读》，《商丘师范学院学报》第 34 卷 4 期（2018 年 4 月），页 25。

戏,以运无穷㉑。《庄子》文本中曾有"气""一气""二气""六气"等概念,但阴阳二气的吊诡运动则是气化流行最为根本的表达模式。而所谓"道行即气化,气化即物化"的"世界之世界化",便表述了"即物而道"的变化世界,处于既流通(道通为一)又分际(物化万千)的吊诡状态。所谓"吊诡"是指流通必有分际,分际必有流通的暧昧未定。正是这种"分而无分,无分而分"的暧昧状态,《知北游》将其描述为"际之不际,不际之际"㉒。它意指即气化即物化的道行运动,自然表现出"有分别中无分别,无分别中有分别"。而就主体的"化而无常"之实相,则可用《齐物论》结语为:庄周在梦醒/醒梦之际,所体会的周与蝶"分而无分,无分而分"之"物化"吊诡现象。

世界的气化/物化之变化实相如此,属于万物之一物,同归于变化世界而与之俱化的主体变化实相,依然如此。对于《庄子》,人与万物、与世界的原初关系,同样处于"际之不际,不际之际"的"分而无分"之吊诡状态。人,绝不是一个自我孤立的封闭性主体。《齐物论》的南郭子綦透过"丧我",得以聆闻"天籁"。"天籁"也是千差万别的物化交响,而物化背后并没有一个主宰者、怒之者㉓。所谓"怒者其谁邪"?既质疑了根源的推动者,也解放了外部支配者。一切皆只是万

㉑　安乐哲底下的观点可以参考:"'气'是一种无法用范畴化的方式来归纳的意象,无法用'事物''行动''属性''语言型态'(名词、动词、形容词和副词)等规范我们思想和言说的模式来将其加以区分。也就是说,'气'同时是'一'和'多'(one and many)的统一体。当被区分为'事物'(things)(即"事件",events)时,'气'总是有一个境域化的形式连贯性(contextualized formal coherence),这种脉络化的形式既是持续的又是变化的。在价值论的意义上,'气'既高贵又卑微。它被理解为就像是'水'一样,'水'可以是一种东西("水",water),可以是一个过程("流水",watering),可以是一种属性("水般的",watery),也可以是一种形态("奔流的",torrentially)。在对其称之为'物化'(transforming events)的探讨中,《庄子》也许包含了对这一过程的最为彻底的表述。在'物化'的过程中,往昔事物消融入各种彼此融合、互相渗透的过程之流中。对庄子而言,在这一经验之流中,人类并没有特权的位置。同其他事物一样,人类的形式也同样是过程性的。并且,人类必须谦卑地屈从于那无时不在又必然发生的大化之流。"安乐哲、郝大维著,彭国翔译:《切中伦常——〈中庸〉的新诠与新译》(北京:中国社会科学出版社,2011),页44—45。

㉒　《知北游》:"物物者与物无际,而物有际者,所谓物际者也;不际之际,际之不际者也。"郭庆藩辑:《庄子集释》,页752。

㉓　在《齐物论》的文脉中,"人籁"的比竹乐音现象,"人"被视为"作者","地籁"的众窍怒号现象,"风"被视为"作者"。而经由"丧我"所聆闻的"天籁"之"咸其自取,使其自己"现象,最大突破乃在于"由果推因"乃至索求外部作者的形上思维,被彻底解放。故以"怒者其谁邪",来反讽形上玄猜。

物"咸其自取,使其自己"的物化交换与秘响旁通。《齐物论》用天籁的音乐隐喻来描述这种"一即一切,一切即一"的交互主体与处处中心状态:每一物既都自己朗现自身的独特活力(成为自吹音调的暂时中心),但物物之间又不断地相互交往而演化(每种音调又不离于合鸣相吹之无限中心),于是形成物物之间互化共感。换言之,我之"自化"不独立于为"互化",而"互化"也内化在我的"自化"之中,最终"无内也无外"地形成无穷中心又不断相互转化的"万化"之不可思议状㉔。这样难以思议的物化万千世界,在无限中心的天籁交响下,便呈现"天地与我并生,而万物与我为一"的"万法归一,一归万法"的奇妙吊诡。

对于"即气化即物化","即万即一,即一即万"的描述,笔者过去曾有专文较完整讨论老庄的上述观点㉕。而关于《庄子》"即气化即物化","即一即多","即整体即部分","即场域即焦点",等等吊诡性修辞,在笔者看来,传达了类似任博克(Brook Ziporyn)诠释天台教义的佛教式存有论,也就是他所谓"交互主体性"背后的"遍中论"世界观。而任博克也曾以《庄子》和天台佛教作为他所谓遍中论世界观的范式,甚至他认为天台思维正是在中国先秦道家(尤其《庄子》)的遍中整体论的文化风土养分上,才能将大乘佛教的既有养分与先秦整体论养分,两相交织而彻底发挥成为天台佛教的革命性观点㉖。

㉔ 笔者虽同意郭象对天籁"造物无主"之注诠,但对郭象"咸其自取,使其自己"的"独化自生"的注诠,则相对保留。主要原因在于郭象似未能突显万物共在于气化流行的关系性互动网络中。换言之,破除造物实体说只是解读"天籁"的必要条件,但若要充分解读"天籁",还要豁显万物共在互化的气化关系网络之另一面。就如楼宇烈所言:"郭象所谓的'有',只是一个个独自突然发生和变化着的孤立个体,无根无源,互不关联。不仅如此,这样的'有',就连它自身也不知道为什么一下子就冒了出来。这样的世界,只能是一个神秘莫测的世界。所以说,郭象的'独化'说,在论证天地万物生成和变化的问题上,虽然抛弃了'造物主',却陷入了神秘主义的泥坑。"楼宇烈:《郭象哲学思想剖析》,《中国哲学》第一辑(北京:三联书店,1979),页179。

㉕ 参见拙文:《论先秦道家的自然观:重建一门具体、活力、差异的物化美学》,《文与哲》第16期(2010年6月),页1—44;后收入《庄子的跨文化编织:自然·气化·身体》(台北:台大出版中心,2019),页129—179。

㉖ 参见任博克(Brook Ziporyn)著,吴忠伟译,周建刚校:《善与恶:天台佛教思想中的遍中整体论、交互主体性与价值吊诡》(上海:上海古籍出版社,2006),页26—68。另外,任博克和另一天台学者康特(Hans-Rudolf Kantor),都指出中国佛教、天台佛教的创造性诠释和汉语特质密切相关,康特说道:"所谓'三转读'对'诸法实相之十如是'的（转下页注）

笔者上述所分析的"梦"与"觉"的文献,便涉及了"遍中"视角的自我观照,"复调"主体的圆转省察。也就是说,当我们不再预设实体性的自我作为单一的观看中心时,梦和梦中梦、梦和觉、觉和大觉,一般人所认定的虚实之间、真假之间、物我之间,等等高低价值阶序与二元区分,都将被转化为多中心、多视角的平等流动观看。《庄子》在许多地方都透过"梦"来思考类似问题,佛教也喜欢透过梦去谈论人生"如梦非实"。佛教主张"缘起性空",所以万物没有实体自性,人也没有一种永恒不变的自我。佛教破除实体自性,是透过"无常""缘起"来止观真假二谛与中道。《庄子》则是透过"气化""变化"来照鉴有无、虚实之两行。值得注意的是,现在汉语学界习惯于使用"无常"来翻译梵语中的 anitya 或是巴利文的 anicca,然而学界似乎不太注意到"无常"这一词语,正好是出自《庄子》的重要用语,如《大宗师》"同则无好也,化则无常也",《在宥》"使人喜怒失位,居处无常",《秋水》"夫物,量无穷,时无止,分无常,终始无故",《天下》"芴漠无形,变化无常"㉗。而且经由郭象的注与成玄英的疏,更进一步让"变化 = 无常"这一关键修辞,显示出庄、佛思想的创造性交织与转译,值得关注㉘。因此笔者将延伸前述讨论脉络,将《庄子》吊诡主体所可能蕴含的观心法门,放在天台与华严的对比架构下来观察,希望由此能进一步推进庄、佛思想的实验性对话。然为延展这个庄、佛的对话脉络,笔者发现透过牟宗三对《庄子》的吊诡理解,颇能将《庄子》的观心法

(接上页注)诠释在以'假'为代表的文字表达上体现出'即空即假即中'的同体不异,并且显示出'不可说'的文字化。依天台宗而言,这一诠释方法超越'文字表达'与'不可说'两面之间的对立。不过'三转读'的诠释方法只能在中文此一语言脉络中发挥这种意义;就具有词性变化的语言脉络而言,所谓'十如是'所包含'即空即假即中'同体不异之义不能如此被范例化。这一个例子显示出来,天台宗语言哲学的反省受到其本土语言(笔者注:亦即汉语)的影响,因此它就发挥在佛教传统中其独特的观点。"康特:《天台宗的可说与不可说——天台宗的语言用法及其对语言界限的观点》,《正观杂志》第 27 期(2003 年 12 月),页 75。另参见 Brook Ziporyn,"Why Chinese Buddhist Philosophy?" *Journal of Buddhist Philosophy* 3(2017):pp. 4 - 35。而牟宗三也指出《庄子》透过郭象的迹冥圆注解,而影响到天台的圆教思维,参见牟宗三:《才性与玄理》(台北:台湾学生书局,2002),页 187—195。

㉗　郭庆藩辑:《庄子集释》,《大宗师》,页 285;《在宥》,页 365;《秋水》,页 568;《天下》,页 1098。

㉘　有关郭注和成疏的"变化 = 无常"的注疏现象,极为显题而丰富,读者稍一阅读查索,便可发现。但似乎少有学者关注《庄子》此一用词对佛经翻译过程的交涉与影响。

门与天台/华严的心性结构、工夫结论，给予某种脉络化的对话连结。底下尝试言之。

六、牟宗三向上超拔的精神辩证法，解消混然中处的吊诡主体㉙

牟宗三是透过黑格尔（G. W. F. Hegel）的精神辩证法和心灵的境界来解释《庄子》的"吊诡"智慧，他所理解的道家是一种主观境界的实践形上学，精神在历经不断的向上超拔过程，提升为智的直觉或无限心。其所谓"智的直觉"或"无限心"是一可超越时间空间，可超离眼前流变而不再迷梦的终极智慧，而所有的主客对立、心物对立，都在所谓"一逍遥而一切逍遥"的道心主体中，辩证地融化为冥合无二之境界。亦即他认为"吊诡"的智慧，应从"一逍遥一切逍遥"的"无限心"来理解。在他的理解脉络下，这样的吊诡智慧倾向往上盘旋的精神辩证法，不断地从"梦"到"旦"、"旦"到"觉"、"觉"到"大觉"之后，最终有个"大觉主体"的绝对精神或形上心灵，然后这一智思界将可不落变化地观照一切而不迷不幻。牟宗三突破康德（Immanuel Kant）的预设而肯定一个不落入梦幻泡影的绝对真常之心灵境界，或者说，无限心灵的"智的直觉"可以被证成㉚。所以在讲演录里，他不断使用"境界""心灵境界""无限道心"来谈精神辩证。

牟宗三运用康德加黑格尔对主体的理解方式，与《庄子》文脉中

㉙ "混然中处"是牟宗三对海德格哲学用语 Being-in-the-world 的翻译，但牟先生的立场恰好是要反驳这种取消了形上世界的"在世存有"之现象哲学，而本文则认为吊诡的主体正好是混杂存处于世界交织之中。牟宗三的相关说法，参见氏著：《智的直觉与中国哲学》（台北：台湾商务印书馆，1987），页356。

㉚ 牟宗三："如果只有实践形上学，则形上学中所表现的最高的实有，无限而绝对普遍的实有，必须是由实践（道德的或解脱的）所体证的道德的本心（天心），道心（玄照的心），或如来藏自性清净心……人底实有（人之为一实有）是因着他体证本心、道心、或自性清净心这无限而绝对普遍的实有而始成为一实有（有其实有性＝有其真实性）……即：在现实上他虽是一有限的存在，而却取得一无限性，他是一个有'无限'这意义的存有。"牟宗三：《智的直觉与中国哲学》，页346—347。简言之，牟宗三是将儒家的本心、道家的道心（真君真宰）、佛教的真常心（佛心佛性），视为一种超越性、实体性的无限心。这是一种形上学式的超越心灵，也是一种观念论式的解读。有趣的是，天台那种"一切放平"（非层层推进）的圆教系统，似乎不被牟宗三放入这个纵贯的系谱里。

的"吊诡",到底是否属于同一种思考方式？如果以他这种方式理解大觉、真君、真宰，将会倾向于形上本源的究极设定与追求。而要追求本源式的本体就得不断去除眼前的虚妄，必须不断去除关系、断离染污、遮拨语言。必须尽量除去可能对主体造成干扰的一切因缘交缠，不让自己受到变化所带来的混乱与影响，以求向升入绝对清明的大觉状态。在这样的理解下，《庄子》的观心法门自然要倾向舍离与断除，不断往上攀升，以求证悟绝对真实的超越主体性。这种想法大体倾向（牟宗三所理解的）华严宗真常心系统的思维模式㉛，而牟宗三所理解的《庄子》之真君、真宰与吊诡思维，也大体倾向佛教如来藏真常心和黑格尔精神辩证法的结合径路。而透过牟宗三自己对台严两者的判教理论，亦即华严"缘理断九"（真心观）与天台"不断断"（妄心观）的对照性，亦可间接类比于两种不同理解真君、真宰的修养工夫论。而本文理解的《庄子》吊诡思维下的"即撄成宁"，更适用天台宗的模式来类比与呼应，尤其更契合任博克底下所描述的天台"妄心观"（与华严"真心观"做对比而突显）：

> （笔者注：华严式的真心观中的）心被吊诡地当作一个
> 起点，其预设了对一切色的优先地位。虽然清净心也可以
> 时而自我显示于色中，但清净心乃一明镜，其无自身之影
> 像，故能反映所有现象……反复出现于杜顺文本中的是，他

㉛ 正如杨儒宾指出，心学式的解庄也是《庄子》诠释史上强而有力的论述之一，如成玄英、褚伯秀、憨山、陆西星等，都有这种倾向。对这种心学诠释倾向，杨先生给出一个颇为精要的说明："意指其思想建立在一种超越的本体的基础上之知识体系，此本体被视为和主体在深层构造上如不是同一至少也是合一的，而且，学者透过工夫的实践可以体现之。"杨先生甚至也将这种心学的超越性（尤其憨山的解庄）归类"真常唯心论意义下的心学"。参见氏文：《游之主体》，《儒门内的庄子》（台北：联经出版，2016），页175，182—183。这种真常唯心式的庄学诠释，从本文的立场看，不脱"主体性形上学"的超越区分架构。而牟宗三的解庄路线，大体也属于这条路线。杨先生虽然同情这种带有浓厚冥契意义的心学解庄路线，但他在《游之主体》中的庄学描述，其实已朝向"游心"与"物化"的相即不二。他这种"游心即游物，游物即游化"的"心物不二"立场，既克服唯心之片面又克服唯物之片面的"双重克服"之"游"，在笔者看来，应可朝向"非-纵贯式"的吊诡描述，并更接近于天台"一念无明法性心""一念三千"的理论模型。虽然杨先生并不往《庄子》与天台的思维类似性，来展开《庄子》圆教模型的探索，但其论理方向已有朝此开放之曙光。亦即"纵贯式"的分别说，可再还原为"非-纵贯式"的"非-分别说"。或者说，"纵贯式"的分别说，只是权法之一，不必执实为唯一。

说道："思之。"这是一个冥想文本，其含义是指冥想的施用形式就是冥想这一最高的互融真理，直至某人直觉地把握了应用于所有其他思想和经验的这一真理。一个修行者的冥想对象就是这一学说及其他指出的宗教见解。这就是知礼后来所称之为的"真心观"（the Contemplation of the Pure mind），其形式便是，修行者首先引进什么是真心，真心应怎样来理解，然后再试图明白这一方式（笔者注：亦即将一即一切，理事无碍，甚至事事无碍的相融互摄观，当成冥想的清净对象。）……知礼后来谴责了他同时代的天台学者，因为他们接受华严的这一态度并将之解读进天台的修行中。而根据知礼的理解，天台的修行是通过"妄心观"而非"真心观"的形式展开的。即，一个修行者总是关注面前的任何当下之物，对修行者来说，此物处于某人的幻觉中，故自我呈现为一种确定性。这就是所观的主要对象，而从不会因为一般的真心观而放弃它。……知礼有一个很著名的比喻，将这一观法与槌、砧、淳朴（原材料）相比。淳朴是迷惑，砧是作为理论的三谛，而槌是三谛之观，实际的领悟者采用了此法。而采取华严真心观法则如同以槌击打空无一物的砧板，因为淳朴已经被移走。[32]

就笔者的理解，《庄子》"即撄而宁"的观心法门，与其采取牟先生的无限真心（类于华严真心观模式）来理解，它其实较契近天台的"观妄心"。因为只有就当前起灭变化的活动当下，"大觉"照见"固而不化"的虚妄，同时洞见"化而无常"的大觉作用，才能于当下同步发生。《庄子》并未在一切皆流的现象之外，独立先预设一个真常的本觉之心，反而只有在"即梦即觉，即觉即梦"的当下"淳朴"本身，才有所谓"撄而成宁"的（大觉）观照活动与（大梦）当下显现。换言之，这个"即妄而真"的观照作用，从来就不是形而上的预先存在，而只是就当

---

③② 参见任博克（Brook Ziporyn）著，吴忠伟译，周建刚校：《善与恶：天台佛教思想中的遍中整体论、交互主体性与价值吊诡》，页 171—172。

下"与接为构"的"成心",与历缘对境的"物化"交织的现象脉络,觉察其脉络变化与变化脉络的"化而无常"现象,并由此体得"不化而化,化而不化"的"撄宁"智慧。换言之,"宁"并不是脱离"撄(乱)"之上之外的外部超越,而是当下"即撄即宁"的内部超越或内在转化。这种内部超越,是因为撄乱自身本来就会自显"夫固将自化"的转化状态(也就是转化了脉络或脉络的转化),所以离开"撄"去找寻外在性、目的性的"宁",反而会错过"即撄即宁"的当下自现。同样地,"成心"与"物化"的交织共在,类似于"一念心"与"三千世界"的交织共在,无前无后、无优无次地同时呈现、彼此转化。而非片面地将物化三千世界,收摄到唯一真心。反而,三千物化世界的差异法,都是转化成心而示现"即妄即真"的机缘,甚至成为丰富我之"内在性他者"的不二法门。无一法可去,无一法被化约[33]。

而牟宗三在讲演录第十五讨论《齐物论》有关"论辩"这一问题时,可看出他主张《庄子》要从所有的语言论辩里超离出来,回到不受干扰、如如不动的超语言境界,他认为《庄子》的玄智就是在追求超越一切的形上境界、无限心灵[34]。这样看来,牟宗三其实没有脱开如来藏真常心模式来理解《庄子》,也就是形上学式理解真君、真宰的模型。然而就笔者言,《庄子》的基本立场是忠于变化,大觉也不能超然

---

[33] 上述这种"即撄即宁"的"观心法门",不同于一般"手段"与"目的"的"有为"工夫,而"有为"(或"刻意")的工夫,正好建立在:当下状态之外,另有一更真更实的(形上)境界可得可证,因此才勉励透过"去此取彼"的作为而想要趋近目的。然而"撄而成宁"的法门,并不是概念的戏论,而是对上述"刻意""有为"的二元论工夫论盲点,有一高度的觉察与领悟,因而将特定行为、特定目的的(错用)工夫,彻底转化为正面迎接眼前一切撄乱变化的境遇,并在此观照吾心与物化的互渗互化之无固化、无穷止。此种"去工夫的工夫",不可以特定法门之着相工夫来衡定之,因为它属于觉察于一切当下处的"非法门之法门"。

[34] 牟宗三透过"参万岁而一成纯"来疏解《齐物论》底下文字:"既使我与若辩矣,若胜我,我不若胜,若果是也?我果非也邪?我胜若,若不吾胜,我果是也?而果非也邪?其或是也,其或非也邪?其俱是也,其俱非也邪?我与若不能相知也,则人固受其黮闇。吾谁使正?使同乎若者正之,既与若同矣,恶能正之!使同乎我者正之,既同乎我矣,恶能正之!使异乎我与若者正之,既异乎我与若矣,恶能正之!使同乎我与若者正之,既同乎我与若矣,恶能正之!然则我与若与人俱不能相知也,而待彼也邪?"(郭庆藩辑:《庄子集释》,页107。)如何从各种意见纷呈的不同立场中跳脱出来,按牟先生的解释,"参万岁而一成纯"是一个属于时间之外,却又能介入时间之中的清明主体。其思考模式仍不脱《起信论》"一心二门"的真常心模型。参见牟宗三主讲,卢雪昆纪录:《庄子〈齐物论〉讲演录(十五)》,《鹅湖月刊》第28卷8期(2003年2月),页2—6。

于变化无常之外。不只天地万物一直处在"物化"的迁流状态,人的主体也显示为念念不住的语言之流。而念头本身也会在物我依待、人我依待的关系情境中,"莫可奈何"地随境迁变、应物而化,任何人都不可能强行控制主体长久停留在某固定念想中,就算大觉主体的神思观照也无法办到,这正是"吾谓汝梦亦梦也"的"大觉亦大梦"之"名为吊诡"的领悟。所谓"撄"不可住而自显其"宁","宁"不可住而于"撄"中自显。其实大觉的照察作用,就只是在念头的生灭流转的变化当下,觉察之、照鉴之,随顺变化而观照变化。换言之,"念心"与"物化"是同时生起又彼此转化。如此一来,大觉主体根本未曾远离喜怒哀乐之念流转化,反而是直就念转而照见"固将自化"的念念交织而自现自化之实情。如《齐物论》底下这段话,可从类似天台"观妄心"的角度来观察:

> 大知闲闲,小知闲闲;大言炎炎,小言詹詹。其寐也魂交,其觉也形开,与接为构,日以心斗。缦者、窖者、密者。小恐惴惴,大恐缦缦。其发若机栝,其司是非之谓也;其留如诅盟,其守胜之谓也;其杀若秋冬,以言其日消也;其溺之所为之,不可使复之也;其厌也如缄,以言其老洫也;近死之心,莫使复阳也。喜怒哀乐,虑叹变慹,姚佚启态;乐出虚,蒸成菌。日夜相代乎前,而莫知其所萌。已乎,已乎!旦暮得此,其所由以生乎! 非彼无我,非我无所取。是亦近矣,而不知其所为使。若有真宰,而特不得其眹。⑤

《齐物论》指出"非彼无我,非我无所取"。文献首先暗示,"我"的特性在于"取",而"取"就是自我中心的名执、固着、占有、扩张等活动。又因为"我取"是由一连串的"彼"所构成的("非彼无我"),所以必须转而对"彼"来加以观察与说明。从文献前后脉络看来,"彼"意指所有知、情、意,等等活动的总名概括。也可以说,"彼"是对于"莫知其萌"而纷然前来又纷然离去的身心念流等情状,给予如实观看与现象

---

⑤　郭庆藩辑:《庄子集释》,页51—55。

描述。其中我们看到的所谓"我",乃是各种繁然淆乱、来去无踪的知情意之波动不定现象。例如:知见活动的现象(大知、小知),话语活动的现象(大言、小言),白昼的身心活动现象(其觉形开、与接为构),晚上的潜意识活动现象("其寐也魂交"),等等。但不管是白天的意识流还是夜间的潜意识流,它们都是剪不断理还乱的力量交缠与矛盾之流,这些知见相轧和话语竞辩的"日以心斗",展现出"缦者,窖者,密者"各式各样的心理活动片断。而这些心理能量流的隐显交缠现象,经常也挟带着忧虞悔吝的特质。而意志也一样没有定相,呈现出不同意志力强弱表现而来来去去:有时强而有力若机栝箭发般自是非他,有时固执不化如必胜必守之盟誓,有时软弱无力恍若秋冬荒芜之枯槁,有时则沉溺沦落而无能自拔,有时则封闭堵塞犹如灯尽油枯而毫无生机。总之,"我"是一连串各式各样连续似又不连续的生命之流("彼")所构成的。而面对这样不断脉络化而重组的生命流之实相,《齐物论》正观之、深描之,让我们实实在在地看到它们:没有不变的本源核心,没有金刚不坏的形上实体,也没有同一性的本质。一切只是来去无踪、变化不息的差异之流:"喜怒哀乐,虑叹变慹,姚佚启态;乐出虚,蒸成菌。日夜相代乎前,而莫知其所萌。"

《庄子》观察这些"妄心"念流,它们就像"乐出虚,蒸成菌"那样"日夜相代乎前,而莫知其所萌"。念想无本也无源地突然来去,就好像音乐从虚无孔窍中突然冒出又消失。顿然间,一种情绪取代另种情绪而迁流不息,却不知其萌发之始,也不知其归向何处。"我"根本无法控制这些念流,"我"反而就是这些无来由的知/情/意等等念流的显现过程。换言之,主体是情念不断流动的复数我状态,就像音乐突然地跑了出来,又莫名其妙地消失无踪,一下子就像云雾那样蒸发不见了。"日夜相代乎前,而莫知其所萌",情念反复来去、日夜连续不断,却找不到背后的不变基础,或者产生它们的单一根源。因为当下每一念,不管或喜、或怒、或哀、或乐,皆与可见/不可见的,可知/不可知的万化世界"与接为构"。而物化世界的迁流与牵引,便是带动我人身心浮沉波动而变化不定的浩瀚脉络。而《庄子》所谓观照之大觉主体,就是观看这些情念流转(妄心流转)与物化世界的交织变化与复数状态,如实地观看它们"缘构发生"的触接现象㊱,其显示出"化而不固"的生灭起落,并且随顺地观照眼前"莫知其所萌"的现象,乃"化而不化,不化而化"地演示着"大觉亦梦"的实情。这在在显示,《庄子》并未在"自我"与"世界"的缘构生发之外,另外施设一个不落"缘构发生""化则无常"的形上真宰、真君。《庄子》肯认的是"天地与我并生,万物与我为一",不管"我"是迷是觉,皆不脱于万化交织的唯一世界。而此世界并非独立于我的客观世界,而是与我心识之迷悟共在共转的万象世界。

然而,若不肯认真君真宰,人能否有安宁处? 人生的茫与盲,能否有解脱处? 其实让自身"化而不化"地照见妄心流变,这个能止鉴"妄心"的大觉,本身就是"即撄而宁"的安宁与安命。所谓"撄宁"的观心法门,并非去到一个没有变化、不再纷乱的单纯之"宁",也不追求完全无念无想、清净透亮的"去撄之宁"。"去撄之宁"就像是无尘室般,抽掉空气中的一切杂籽,想象活在一尘不染的净室中。这就类似想要"以己出经式义度"的"终极解决"心态,运用了形上玄思构筑了一个常乐我净的不变乌托邦。而就《庄子》看来,这种乌托邦将不免自我反讽地成为大梦。《庄子》的观心法门强调的是"即撄而宁"的吊诡智慧,是在撄乱的流动变化中,"化而不化,不化而化"地发挥"撄宁"能耐。

比较起来,它更倾向"和光同尘""即妄即真"的妄心观,而不是"去妄求真"的真心观㊲。如《庚桑楚》所谓:"出怒不怒,则怒出于不怒矣;出为无为,则为出于无为矣。欲静则平气,欲神则顺心。有为

㊱ "缘构发生"是张祥龙用来描述海德格那种 Dasein"在世存有"的存有论世界观,虽然"缘构发生"一辞带有佛教缘起论色彩(非形上学),本文认为它也适宜用来描述《庄子》"与接为构""化则无常"的世界观。而这些词语,都是佛教传入中土之前,《庄子》用来描述变化世界观的重要修辞。关于 Dasein"缘构发生"的讨论,可参见张祥龙:《海德格尔思想与中国天道:终极视域的开启与交融》(北京:生活‧读书‧新知三联书店,1996),页151—171。

㊲ 道教内丹学家陈撄宁,喜用"撄宁"一词自名。其名出自《大宗师》:"杀生者不死,生生者不生。其为物,无不将也,无不迎也;无不毁也,无不成也。其名为撄宁。撄宁也者,撄而后成者也。"(郭庆藩辑:《庄子集释》,页252—253。)但读者请留意,《庄子》原先使用了大量正反语意并置的吊诡表述,来指陈"撄宁"是一种不离撄乱之宁,亦即不断撄乱而即宁。此可类比于天台的"不断断"或"圆断"。然而内丹家所追求的"先天"境界,其实正是为了彻底克服"阴阳变化"的后天境界。可见内丹家追求的其实是"去撄之宁",而非"撄而成宁"的"即撄即宁"。

也欲当,则缘于不得已,不得已之类,圣人之道。"㊳可见真人的修养并非去观想一个绝对不怒、绝对平静、绝对清明的超然心体或心境,而是要能"出怒不怒,出为无为"。简言之,也就是"不离怒而当下照见不怒","不离为而当下实现无为"的吊诡智慧。这种吊诡修养与智慧,就像是"相与于无相与,相为于无相为"的"即妄即真",而不是将"相为"(妄)与"无相为"(真)视为断裂两边,也不是单纯去观想"无相与""无相为"的单边绝对清净。反而要在"出怒""有为"的物我交引、与接为构的"不得已"("无所住")情境中,历缘对境地"缘于不得已"而如实起观㊴。《庄子》观心的重点不在于去有为、去有欲地追求绝对真心,而在于让欲"当"于"不得已"之眼前境遇,而随顺观照其"夫固将自化"的自然之道。如此才是"即撄成宁"的工夫。

若说"撄"通常会带来苦迫之烦扰感受,而"宁"则意味着苦迫止息之吉祥,那么《庄子》将"撄"与"宁"合为"撄宁"之吊诡修辞,正是为了破除"去撄求宁"的二元论困境㊵。《庄子》这种肯定撄乱之无所逃、撄扰之无所去的"即撄即宁"法门,思维模式约可呼应天台的"不断断":"像所有佛教思想一样,天台体系也根植于苦这一基本问题。对苦的所有理论化的潜在动机显然是救赎论的,是寻求对生、老、病等等普遍苦恼的诊治。虽然天台体系包含了对恶与苦的肯定,似乎与此根本之旨相违,但其实是与之有着内在的密切关系并被其所决定。天台对苦问题的解决在于,对许多大乘思想所预示的一种倾向

㊳　郭庆藩辑:《庄子集释》,页815。据王叔岷,郭庆藩本"欲静则平气,欲神则顺心,有为也。欲当则缘于不得已,不得已之类,圣人之道。"宜调整文句为"欲静则平气,欲神则顺心。有为也欲当,则缘于不得已,不得已之类,圣人之道。"《庄子校诠》(北京:中华书局,2007),页909。

㊴　在笔者看来,《庄子》的"不得已",可呼应佛教的"无所住(而生其心)"。《庄子》"不得已而安之若命",乃呈现随顺大化之安然,则约可呼应佛教的"随缘自在"。换言之,"不得已"突出我心识之安然,不但脱离不了大化力士之生灭变化,反而只能在此"不得已"中获得"安之若命"。此"命"无涉于宿命,而是涉及"天地与我并生,万物与我为一"的存有天命。

㊵　郭象《注》庄言:"夫与物冥者,物萦亦萦,而未始不宁也。"成玄英《疏》庄云:"撄,扰动也。宁,寂静也。夫圣人慈惠,道济苍生,妙本无名,随物立称,动而常寂,虽撄而宁者也。"郭庆藩《集释》引:"家世父曰:赵岐《孟子》注:'撄,迫也。'物我生死之见迫于中,将迎成毁之机迫于外,而一无所动其心,乃谓之撄宁。置身纷纷蕃变交争互触之地,而心固宁焉,则几于成矣,故曰撄而成宁。"(郭庆藩辑:《庄子集释》,页255。)郭象、成玄英等人说法,已间接触及《庄子》的圆教圆修,但未能进一步发微阐述。

作一个彻底思考。这样，对苦的克服最终就成为这样一个问题，即我们要逐渐理解到苦与解脱（觉悟、极乐）之间的明显二元性是错误的，而不是对一个被称为苦的真实实体的清除。有限性痛苦的根源在于此谬见、此错误概念，即痛苦和极乐（也就是有限性和无限性）是互相排斥的，这种错误观点认为，要获得极乐就必然要根除痛苦而非在痛苦中体验极乐。"[41]

希望离念、断念（远离痛苦），以求得一个无思无想的绝对真实（追求没有痛苦的极乐），这种修养模式把"念"与"无念"，"妄念不实"与"清净真君"区分成两个绝对的独立界，强求自己舍离虚妄，以寻求真实清净、可得可住的超越主体。这样一来，二元分裂下的虚妄与真实，将各自成为"可去之"与"可求之"的"固而不化"之自性存在。类比地说，虚妄的念想流变是痛苦的主体，而真君则被想象成不落轮回、不落变化的常乐我净之恒常主体。这种形上学化的实体性思维，让我们误以为可在彼岸净界找到究竟乐园。京都学派阿部正雄在反省佛教（非大乘模式）"离染求净"的"二元论"修证方式时，指出这种离开当下的"手段—目的"的追求，反而本身就是迷失状态（错用功夫）："即使是追求'清净'，只要把这清净当做一种客体去追求，并由此与不净相分别，那么这种态度本身就必须被认为是不净的，是必须被舍弃的。……我们通常都以为自己处于迷的状态，而不是悟的状态。因此我们力图去迷得悟。把'悟'当做目标，力图以种种手段从迷到悟。但是，这样一种态度本身就是一种迷。换言之，把悟当做一种为了超出现在迷的状态的目标，也就是把迷悟相分别，这本身就是迷。"[42]

---

[41] 任博克（Brook Ziporyn）著，吴忠伟译、周建刚校：《善与恶：天台佛教思想中的遍中整体论、交互主体性与价值吊诡》，页112。

[42] 阿部正雄著，王雷泉、张汝伦译：《禅与西方思想》（台北：桂冠图书，1992），页246—247。在东方文化中，肯认一个本源的境界，可以各种变形方式存在。例如内丹家从后天修炼返回先天，在那个先天的境界里可以找到先天气，甚至可以再从先天气返回到气之根源，而那个气的根源是指所有的运动都不再运动，叫作"炼神还虚"地将神气完全守藏于虚。"守藏"就是守住、藏住，守在那个气根或气穴里面。而"炼神"就是从"先天气"还于"虚"的工夫，在那个境界里，你可以得到心灵最忠实的宁静原乡。那里不再有语言、时间、空间，不再有变化，当然也被想象为不再有念头。这种类似于神秘主义式的空灵：精神往上不断攀升，最终抵达心灵内部的绝对超越性、内在的绝对意识。它既是心灵原乡，也是形上本源。有关内丹不断净化后天杂染以求升入先天纯净，其"九转还丹"以入宁静原乡的烹炼过程与结构，请参见赖锡三：《丹道与易道：内丹的性命修炼与先天易学》（台北：新文丰出版社，2010）。

透过"离染得净""缘理断九",以求得或还原绝对真常心的起信论、华严宗模式,具有不断向上解脱染污以求得或返回永恒净界的辩证倾向⑬。如以这种方式理解"吊诡",就会比较接近牟宗三的精神辩证法,而《庄子》的"参万岁而一成纯",就会被诠解为回到一个纯粹绝对精神之整合状态。而这种向上超越的"主客玄冥"之绝对精神("去二以归一"之不二),对笔者而言,反而会取消"吊诡"的两行运动("不住两边而交换两边"之不二)。而本文所描述的《庄子》吊诡思维方式,肯定眼前这个不断流变的世界,我们要安于流变(即撄),并在流变中找到"不化"(成宁)。可是"不化"不是离开"化"之上,另有一个不变的不化,而是在化之中观照着化,也不断回应着化的觉察作用。这一觉察作用,既不能预先存在,也不能独立存在,更非绝对不变的实体性存在,它只是就着变化来观照变化的"观心作用"。但它自身仍是"以虚为体",而不是脱离变化的实体性存在。换言之。清明的大觉观照,就是在变化中体会不化,在来来去去中体会不来不去(所谓"外化而内不化")。但这里所谓的"不化""不来不去",终究不能被形上学化,不能被真常实体化⑭。它们只能"以虚为构,构而还虚"地权变活用。

---

⑬　这种类型的工夫论取向,龚隽将其称为"还原主义"(或"主观起源性"),此工夫相一方面呈现"离染得净"的渐次相,另一方面返还最原初、最纯粹的原意识状态(类似胡赛尔[Edmund Husserl]的搁置偏见以还原纯粹先验意识)。龚隽认为老庄的"虚心"和"以无知知"也是倾向于"还原主义"的工夫,而僧肇虽援用老庄的"虚心""无知"等工夫用语,但表达的却是另一种"无为主义"、"非还原"的工夫论。笔者认为龚隽区分"还原"与"非还原"这两类工夫论模型极其关键,但以"还原论"来理解老庄(尤其庄子)恰好是掉入了牟宗三式的"智的直觉"(无限道心)的陷阱,亦即龚隽批评穆谛(T. R. V. Murti)对中观工夫论的理解误区(误解)。龚隽:《僧肇思想辩证——〈肇论〉与道、玄关系的再审查》,《中华佛学学报》第14期(2001年9月),页166。另外,林镇国亦指出穆谛对中观的绝对主义式的诠释,尤其用智的直觉与物自身来诠解中观的般若直觉与实相真如的关系,其模式和牟宗三对中观佛学与中国哲学的诠释进路,颇为相似。参见《中观学的洋格义》,《空性与现代性》(台北:立绪,1999),页186—192。

⑭　这个问题,就类似于神会的如来禅,依《起信论》超越区分的思维而预设"唯真心",其结果将染上形上学化的嫌疑:"神会这种将'本智之用'收到如来藏自性清净心上作为依体之用的做法,实际上是将'体用之分'引入,于是无住心变成了'空寂之体'。这不但有异于《般若经》原来之立场,更严重的问题是'无住心'变成了一有'实体性'意味的'心'。因为,如果将这一有实体意味之'无住心'套入如来藏自性清净心之系统中,则所谓'如来禅'便可能产生违背佛教之'反形而上学的立场'的后果。"参见陈荣灼:《论牟宗三的禅宗诠释——哲学性之厘清与应用》,《揭谛》第12期(2007年3月),页56。

七、《庄子》"即撄成宁""化而不化" "乘物游心"的镜喻

这里或可进一步澄清《德充符》所谓："以其知得其心，以其心得其常心。"⑤这里的"常心"，应该以"无心"或"虚心"解之。真正的常心是经由心斋"无听之以心"的"虚而待物"。"虚而待物"才能得到"无藏私""善回应"的"化而不化，不化而化"之所谓"常心"。"常心"仍不宜理解成固而不化的真常不变、本质之心，而是能够不断敞开地纳受他人、他事、他物，能够虚室生白地纳受并回应万化的止鉴活动。《德充符》所谓："人莫鉴于流水而鉴于止水，唯止能止众止。"⑥混乱的水扬起杂质，水镜就不能清明照鉴，也就看不见生命实相，看不见变化中的不变，看不见无常中的常。这里显然有着工夫论的暗示，有一种哲人智慧的洞察修养⑦。"止"与"鉴"连结起来，先让"心"不要在"与接为构，日以心斗"的撄乱中，散乱而失去了观照能力，而要先让"心"凝然专注。专注才能心"虚"地照见，亦即"鉴"才能发用其照"明"，显示物我交织变化的实情本相。既要照见气化流行的千变万化（异者），又要照见千变万化中的不变（同者）。在参与流变、欣赏流变中，同时看到所有物化差异的生命万相，都是宏大永续的气化流行之伟力在游戏贯穿。这样才能够"死生不变"地体会"审乎无假而不

---

⑤　郭庆藩辑：《庄子集释》，页192。按王叔岷讨论，重新调整文句，参见《庄子校诠》，页174—175。

⑥　郭庆藩辑：《庄子集释》，页193。

⑦　《应帝王》有另一工夫论的镜子譬喻："无为名尸，无为谋府，无为事任，无为知主。体尽无穷，而游无朕。尽其所受乎天，而无见得，亦虚而已。至人之用心若镜，不将不迎，应而不藏，故能胜物而不伤。"（郭庆藩辑：《庄子集释》，页307。）任博克对《庄子》镜喻的讨论，也强调它并非空白无物的静态心体，反是在境遇中虽有自身位置与视角，却能回应不伤、转而化之的活动之镜："就像浑沌那样，镜子是虚无的，但并非空白。其虚无——关于确定的身份、一贯的知识、明确的价值、已知的程序——使之反映它前面的任何东西。反映并非模仿或精确的表现，镜子有其本有的从情境的突现与布置之中衍生出的能与势。因为镜子有自己的位置、视角，使之能够克服而非映现置身其前的东西，并且避免了对自身或它所反映的东西的伤害。"氏文：《论玄知》，《商丘师范学院学报》第31卷5期（2015年5月），页33—34。

与物迁,命物之化而守其宗"⑱。换言之,这仍然是一种"即撄即宁""即妄即真""即无常即常""即不化即化"的"乘物游心",绝非"去撄求宁""舍妄求真""断无常求常""离化求不化"的真常本心。《庄子》要我们能"知其不可奈何而安之若命"地安于变化之天命。因为最真实的天命大化,乃没完没了进行着"大、逝、远、返"的生生活动,而且大化流行也会不断产生出新的差异,促使我们不断地回应不断变化的脉络。我们不可能控制它,也不可能获取一劳永逸、天长地久的无撄纯宁的心体。因为那样的超绝心体,将让自身挂空抽离于大化流行。

若由"撄宁"来审视《庄子》的"镜喻",约可确认《庄子》的"至人用心若镜,不将不迎,应而不藏,故能胜物而不伤",并非预先肯定一个形上不落变化的清净心性本体,然后再发用"不着一尘"的全体朗照作用。那种预先肯认一从不受撄乱(超时空、超情境)、绝无立场(超语言、超历史)的纯粹空灵、清净心体,并不相应于《庄子》所谓:"圣人之静也,非曰静也善,故静也。万物无足以铙心者,故静也。"⑲道家的圣心并非"离动求静"地想寻获一不落变化的纯静心体("非曰静也善"),而是与万物变化同在,却"无足以铙心"的"动中静(撄中宁)",此正乃《庄子》所谓"乘物以游心"。事实上,至人的"用心若镜",只能在"与接为构"的物我交接当下,才能发挥"万物无足以铙心"的"应而不藏"。它尽量不预藏自我知见去进行意向性的迎与拒,搁置前见而让出虚空的余地,让各种差异性的立场观点,获得自己呈现自己的最大可能。

如此一来,万事万物的差异性,将获得更大的纳受。此即胜任万物之差异,而不挫伤其差异,亦不被其差异所挫伤(胜物而不伤)。不仅如此,在这种"应而不藏""虚而能纳"的环中虚心状态,也能促使物我之间,走向"两行"转化的物化交织与天籁共响。换言之,"撄宁"不只能够"即撄即宁",而且还能"乘物游心"地促使物与我(物与心)"两行"交换,由此带来镜心内涵的愈照愈丰饶。可见,《庄子》"乘物

---

⑱ 《德充符》,郭庆藩辑:《庄子集释》,页189。
⑲ 《天道》,郭庆藩辑:《庄子集释》,页457。

游心"的"心镜"与"物化"之交互转化，相当不同于牟宗三所描述的《大乘起信论》式的真常心镜："犹如一切影像悉凭依明镜而显现。明镜并非影像之'生因'，但影像须凭依它而现。明镜自明镜，亦未变为影像。明镜与影像两不相触，亦不相碍。明镜自明镜，影像自影像，此即两不相触，《胜鬘经》所谓'烦恼不触心，心不触烦恼'……虽不相触，不相应，明镜虽不生起影像，然亦不碍影像须凭依明镜而显现，此即不相碍。"⑩

综言之，《庄子》的"止"与"鉴"，约可类比佛教传入中国前"定"与"观"或"止"与"观"的类似工夫。从《庄子》"人莫鉴于流水而鉴于止水，唯止能止众止"看来，它原则上倾向"由止发鉴"的"止鉴不二"工夫。"止"类似于《老子》"守静笃"的静心，但守静止心是为照鉴"化则无常"之变化。止心不是死寂，而是为了观化，甚至游化。若用《庄子》"心斋"的工夫来呼应，"虚心"是为"待物"而非"离物"，所谓"虚而待物者也"。而"虚而待物"之心镜和物化，相互交接、彼此变化，绝非"心镜自心镜、物化自物化"。由此，"即止即鉴""即静即动""即虚即待""即撄即宁"，才是《庄子》不落两端的观心法门之要旨。

人是语言主体的存在，时时皆能观察心猿意马、识念纷飞，并体会语言之流载浮载沉。念想犹如魂不守舍，而不断迁流之念想如碎片之复数我，于是人们常感受难以平静、不得主宰之苦迫，如《齐物论》所叹"其行尽如驰，而莫之能止，不亦悲乎"。苦迫久缠，人们乃渴望解脱变化无常之幻化假我，进而追求取"常乐我净"之清净真我。用禅宗的"话头"或"看净"的概念来说，也就是想彻底超越"语言（话语）"，求得语言之前（话头），观看未染之前（本净）的不二境界，认为那才是真解脱之原乡。彼乡乃被设想为无戏论、无欲望，而且它可能想象一个没有念想（离二）的本地风光（求一），作为冥想的清净对象⑪。若类比于"如来禅"与"祖师禅"，如来禅透过不断地隔尘以求

---

⑩　牟宗三：《佛教体用义之衡定》，《心体与性体（第一册）》（台北：正中书局，1989），页 592。

⑪　换言之，"不二法门"作为禅佛教经常提及的工夫境界语，其内涵却可有两种基本模式：一是超越两边而升至绝对"真一而无二"（超越假名戏论而入真一），二是不离两边又不住两边的"于二而不二法门"（即假名戏论而不落两边）。对此龚隽以如来藏系统的"不二法门"属于前者，而僧肇（继承中观与维摩）属于后者："就中国禅的佛教内学（转下页注）

攀升绝对的真实,做的是"时时勤拂拭,莫使惹尘埃"的"断念"工夫。而祖师禅则于当下缘起的一切关系,"即念"地体会"念无自性",如慧能所谓"于念而无念",而非"卧轮有技俩,能断百思想"的断念求净㉒。按照祖师禅"于念无念""不断百思想"的这种谈法,照察的大觉主体与被观照的念头变化,两者乃是"即妄即真"的吊诡相即状态,而不是"念"(妄)与"无念"(真)的两层存有。

换言之,如来禅这种"妄尽还原"的思考模式,大体属于受华严影响的禅宗观心法门,并将难逃天台(知礼)对华严(杜顺)观真心的类似质疑:一则它总以清净心体作为优先存在。二则它是以一即一切的妙境作为观想对象。但如此一来,就有落入知礼所谓"移去淳朴"之后,"空槌"打"空砧"的嫌疑。四明知礼批评的关键在于,当我们跳过眼前"一念心"与"三千世界"缘构发生之当下境遇(此处才有货真价实之"淳朴原料"),真心也将抽离成无甚内涵之空镜。原因无它,只有当"根/境/识"三者"合和触"时,才能生起观照的"淳朴原料"。"淳朴原料"乃意指"与接为构"的心念变化之当下,没有具体心念(名言分别与是非争论)与物相交缠(名以定形与有封有常)之原料,空无

(接上页注)理资源来看,学者们一般都承认中观和如来藏是其思想的两个基本法流。而这两系学说也有各自不同的'不二'学说……尤其是《楞伽》《起信》这些对于中国禅有过深入影响的典论,其'不二'的理念,与僧肇依《维摩》而发挥的'不二法门'实是存在着根本意趣的不同。正如宗密对于空、性二宗所作的分判时所说:'空宗以诸法无性为性,性宗以灵明常住不空之体为性,故性字虽同,而体异也。'中观说'不二',乃抉择于诸法无性缘起而不落两边的意味……如来藏的'自性不二',多就一切法如于法性真体,即真性一元论的意义上予以论究的。"龚隽:《僧肇思想辩证——〈肇论〉与道、玄关系的再审查》,页169。从本文的角度看,牟宗三理解的道家工夫与境界,正是偏向于"离二而证一"的一元论模型,而不是"即二而不二"的吊诡两行模型。

㉒ 此相应于牟宗三所谓:"若以此为准,以之判摄禅宗,则惠能禅属于天台圆教,神会禅属于华严宗之别教圆教。"牟宗三:《佛性与般若》(台北:学生书局,1989),页1214。又如陈荣灼根据牟宗三的观点而进一步分析指出:"基本上,惠能义之'心'接近天台宗的'一念无明法性心',而神会义之'心'则属《起信论》式如来藏自性清净心。对于前者而言,无论烦恼或菩提都内具于本心而为其不同之存在可能性。但对于后者来说,则本心纯属清净,一切尘垢均是外在于本性的。从作为神会之忠实追随者的宗密不但将荷泽禅定性为'真心无念',且以'绝对真心'为一己之主体思想可以看出:即使在一些用语上如'无住心'等有与祖师禅相处,但这无改于其'偏指清净真如'即'唯真心'之立场。这可支持牟先生对神会'如来禅'之分判。牟先生跟着指出:在方法论之层次上,两者亦存在着本质上的差异。惠能的祖师禅是采取'诡谲的圆具'路数……神会的如来禅则走上'超越的分析'之进路。"陈荣灼:《论牟宗三的禅宗诠释——哲学性之厘清与应用》,页54—55。

一物的真常心镜之观照，将有"空槌"打"空砧"之空疏弊病。对于天台而言，"即妄而观"才有所谓"即无明即法性"可言。一旦离开"一念无明"而想断念、看净去寻找"法性心"，无疑缘木求鱼。一言蔽之，"去妄求真"在为摆脱无明的排除过程中，让真心抽离缘起法而自我空洞化了[53]。

　　这便是标准的自我反讽：倒洗澡水同时也把婴儿倒掉了。或者说，为治疗牙痛而把头给砍掉的惨痛代价。借尼采（Friedrich Nietzsche）"牙痛砍头"的譬喻，"断欲求灭"的修行方式（一般对原始佛教四圣谛的理解方式），只是佛教修行故事的起点，却远非故事的全景。至于故事的全景敞开，应来到天台的吊诡思维——只有当我们不再想要断苦灭苦，甚至任让苦之缘起自我完成之时，无常之苦自会展现它"固而自化""化而无常"的空性自身。换言之，苦不再只是心理意义的得失之苦，更是存有论意义的"化而无常"之苦，但这种存有论层次的无常之苦，本身隐含着自我超越、自我转化的内部契机。它不可去，也不必灭，只要任随之（无修）、正观之（无证）。不必想用消除欲望的方式去"希求解之"，它自身会"化而解之"[54]。

　　同样道理，对于《庄子》而言，念头其实就是语言之流本身，而语言构成的主体正是"喜怒哀乐，虑叹变慹，姚佚启态"的念念不住

---

　　[53]　至于华严后来想用不变的清净真心（唯清净无相），来让识念依止而谈随缘起相，以形成"不变随缘，随缘不变"的统合解释或综合关系，其实也还是未达真正的"不二"义。这也是四明知礼批评华严宗无法真正揭开"不二法门"的"真即义"之所在："他宗（笔者注：即华严宗）明一理随缘作差别法。差别是无明之相，淳一是真如之相。随缘时，则有差别；不随缘时，则无差别。故知一性与无明合，方有差别。正是合义，非体不二。以除无明，无差别故。今家（笔者注：即天台宗）明三千之体随缘起三千之用。不随缘时，三千宛尔。故差别法与体不二。以除无明，有差别故。验他宗明即，即义不成。以彼佛果，唯一真如。须破九界差别，归佛界一性故。今家以即离分于圆别，不易研详。应知不谈理具，单说真如随缘，仍是离义。"（知礼：《十不二门指要钞》）其实牟宗三自己亦曾根据天台教义、知礼观点，指出华严"即义不成"的关键，正在于预设了超越的分解："是故华严宗之'不变随缘'是如来藏心之不变随缘，非此'理具随缘'（笔者注：非天台模型的"理具随缘"）。理具随缘体用相即（由因果不二，性修不二显）。如来藏心虽'随缘，仍未即者，为非理具随缘故也'（知礼语）。知礼又云：'他家极圆，只云性起，不云性具，深可思量。'盖一预定一超越之分解，一不预定故也。"参见牟宗三：《佛家体用义之衡定》，《心体与性体（第一册）》，页622—623。

　　[54]　Brook Ziporyn, *Emptiness and Omnipresence* (Bloomington：Indiana University Press, 2016), pp. 3–22.

情状,若真要彻底去寻其"源头",将会发现"莫知其所萌"。这是因为人的每一存在状态,包括当下的每一念想,都是处身于不可胜数的"与接为构"之物化情境中。甚至可以说,每一念想总是处身在难以穷尽、不可了知的"缘构发生"之万化境遇中,焉能寻觅出不落交织变化的单一外在源头?这也可体现在《庄子》"撄而成宁"的观心法门上。因此《庄子》的"常心",并不将"撄"(念想之变化)与"宁"(观照之不化)视为二元对立,并不企图"去撄求宁"地寻找离开变化的不化心体。反而"常心"不离开"念头"的变化与撄乱,只有在念头撄乱而随物而化,那看似纷飞如幻的"心物交织"之当下,"常心"才能观其"化而无常",并从中得到"撄宁"。因此所谓"常心"只是观照"化而无常""随物而化"的"不得已","常心"从来就没有独立于"无常""物化"之外,它是"即无常""即物化"的"常无常"之吊诡修养与智慧。一言以蔽之,既没有离开物化撄乱的独立常心,也没有离开撄宁之心的独立物化。而"撄宁"二字,乃吊诡地显示了"乘物游心"的"乘天地之正,御六气之变(辩)"(即正即变)[55]。

八、撄宁法门不属纵贯超越,而属水平超越

《齐物论》的"怒者其谁邪?"暗示我们:物化背后并无形上本体之造物怒者。"其有真君存焉?"再次暗示:身体主体背后没有形上超越性之真常不变之君宰。"莫知其所萌"又再三暗示:情意志的念流背后找不到单一外部的形上根源。类似的"非形上学"思维,也可反映在《齐物论》描述超然于"儒墨是非"时,其所使用的"照之以天""得其道枢"的解读上。"照之以天"和"得其道枢",涉及了"天"和"道"这两个拟似形上学的概念,但它们超越"儒墨是非"的方式,并不是找寻一个舍弃语言(去言)、消除认知(去知)的"前语

---

[55] "御六气之辩"经常被释读为"御六气之变",任博克敏锐地指出,"辩""辨"与"变"在《庄子》内部有着相互转注的哲学企图在。以本文的立场来说,"辩/辨"可以解作各种姚佚启态的念想,"变"可以解作迁流不住的万化境遇,语义相涵互丰。相关说法,参见:Brook Ziporyn, *Zhuangzi: The Complete Writings*, pp. 9, 275。

言""无分别"状态㊱。形上学式的解读倾向于以"言语道断"的纯冥契境界,来解读"和之以是非,而休乎天钧"。这样一来,"和之以是非"的"道心"或"照天",将被理解为不再有任何认知活动或立场沾粘,因为它将语言带来的是非判断给涤除干净,而道心或常心则被想象成没有内容、没有立场的空灵明镜之本源心体。如此真常心式的观心工夫将倾向于:"是非来"则照其虚幻而不取不舍,"是非去"则更显本体之空明。在这种取径下,"天之照"和"道之枢"都将被理解为一超越的本体、真常的本我、自我的君宰。而一旦重返"去知""无言"的超越性天道,从此也就跳出了"彼亦一是非,此亦一是非"的交织循环,被想象为获得了常乐我净般的玄智明心。上述这种理解,近乎牟宗三底下所诠释的道家式"智的直觉""无限心"之主观境界形上学(以主摄客,以心摄物):

> 灭于冥极而无知相,则自适自在自然自足而道心呈现,道亦在此。此无知相之道心同时亦即玄照一切而无不知。此无不知之知是无知之知,非有知之知。无知之知玄照一切即玄冥一切。在无知之知之玄照下,一切皆在其自己……此根本是一个"止",一止一切止。止即照。此即智的直觉呈现,而物之在其自己亦朗现,而不复有现象之知矣。是以现象之知即是失当。智的直觉之寂照即是庄子所谓"以无知知"。㊲

> 道心之虚寂圆照本由学、知(或名、知)之灭于冥极而显示。当我实感到学知追逐之不自在而"为道日损"时,则学

㊱　牟先生这种理解方式,将很难避免反知论或反智主义倾向。因为"知"的语言性、分别性、对待性,被视为有待彻底超克方能转出:无能所、无对待、超语言的"智的直觉"。然笔者曾在多篇文章论述,《庄子》破的是"一偏之知"的成心偏执,而不是完全取消心知。以《齐物论》的概念说,《庄子》破的是心知"自是非他"的自我绝对化,以至于无法"得其环中,以应无穷",无法"虚其心,弱其志"地与各种不同观点相互转化。《庄子》"以无知知",不是简单的去知,更不是反智,而是对"知"容易掉入同一性偏滞,不断给予"无化"的"非-同一性"过程。

㊲　牟宗三:《智的直觉与中国哲学》,页 205。

知之"失当"即消灭,而道心之虚寂圆照即有具体的呈现,此
固非只是一虚拟之形式概念。当道心之虚寂圆照具体呈现
时,它即了了其自己,此即所谓内外明澈……它的自照就是
它的智的直觉之反而直觉其自己。……此时既是道心之自
照,故除此道心自己之具体呈现外,并无杂多可言,因道心
圆照本身永远是常是一故,其本身之自我活动就是其本自
身之具体呈现。同时,此道心之自照,除以它自己为对象
外,亦并无其他对象可给,因为就是它自己之具体呈现,而
说"对象"亦无实义,只是一主之朗现;说对象只是随"直觉
它自己"而为名言的施设,实则能直觉即融于所直觉而为一
主之朗现,而能所之分泯。[58]

牟宗三这种不落主客、能所俱泯、无知去言的"玄冥主体""虚寂主体"
"圆照主体",正是不落历史、没有身体、全无立场的纯粹"空灵明觉"
(绝对一元论式的不二法门)。他以康德原先只赋予上帝的"智的直
觉",将此神圣礼物寄托于儒释道三教的"无限心"。而这种超越性的
无限心,虽看似神奇,但也因为自身圆足、毫无杂籽,既没有内部他者
性,也不会被外物给交织变化,因此它只是:永不生长变化地纯粹"在
其自己"。可以尝试推想,牟宗三这种理解模式下的道家工夫论,大
体也将倾向于"去染""扫除""还本"的华严模式。事实上,牟宗三所
理解的《庄子》心斋、坐忘,确实倾向"以止众止""去撄求宁"[59],而不
是本文所描述的"撄而成宁"之观心法门。而牟宗三所描述的逍遥、
天籁、齐物等境界,都属于向上纵贯而超拔凌空之心灵境界,并由此
抹平世界差异之对待相:"'天籁'义即'自然'义……而道家之自然,
尤其庄子所表现者……却是从主体上提升上来,而自浑化一切依待
对待之链索而言'自然'。故此自然是一虚灵之境界……把超越分解
所建立之绝对,翻上来系属于主体而为浑化境界之绝对。故此境界

---

[58] 牟宗三:《智的直觉与中国哲学》,页210。

[59] 如牟宗三主张:"此之谓玄冥,亦曰心斋,亦曰坐忘。在坐忘之下,一止一切止。一
止者即我之在其自己,一切止者即一切皆在其自己。……在道家,其心斋之道心只就消化
学知之依待与追逐后之止、寂、虚、无说。"同前注,页208。

绝对之自然即是逍遥,亦通'齐物'。齐物者即是平齐是非、善恶、美丑,以及一切依待、对待而至之一切平平。"[60]

牟宗三这种由无限心之高处俯视平面世间,一则心境凌空不着地而虚灵不受干扰,二则世俗相待之是非美丑等土堆不平则被平齐平看。这种由高看低、由上观下的"照之以天",远非本文所描述的:在千差万别的物化交响中天籁共唱,在多音复调的是非物论中,进行"不离两边又不住两边",以促成双边的动态转化之"两行"。本文所描述的照之以天、得其环中,并没有离开"方生方死,方可方不可,方不可方可,因是因非,因非因是"的"彼是"无穷交织历程,只因为在"丧我""虚心"之下,真人明了千差万别的是非,实和"以我观之"的观看角度之相对脉络有关,因此能以"道恶乎往而不存""言恶乎存而不可"的胸襟,纳受"无物不然,无物不可"的多元差异。而且不仅纳受差异,更能进一步在多元观点并在共生的情况下,进行彼/是观点、你/我主体的交谈对话,以促成交互主体和彼是观点的"两行"转化。换言之,本文的撄宁主体、两行主体,乃是具备身体性、历史性、观点性、关系性的有限主体,这种有限性主体必然要遭遇无穷的差异性他者,"与接为构"地"内外交织"而相互变化。而它的超越性就是在"自/他"交织,"内/外"交织,"转化与被转化"的"两行"过程中,才有了"相造相化"的无穷意蕴(寓诸无竟)。

本文这种非分解、水平式、有限心的内在超越(内在于两行转化之超越),和牟宗三那种分解的、纵贯式、无限心的向上超越(向上辩证融合之超越),有其根本差异。简言之,牟宗三理解的《庄子》的辩证诡辞,乃趋向于彻底超越主客(二)以向上辩证出主客玄冥(一)的绝对精神境界。而本文所理解的《庄子》吊诡思维,其超越主客相偶的对决方式,并非取消主/客、心/物、自/他,以升入主客玄冥的绝对精神之同一性,而是让两边不住地朝向对方运动,因而保持"二而不二"的吊诡两行之转化运动。此"不-二"之吊诡运动,本身就是"非同一性"的不断自我超越之历程。而本文认为可透过华严和天台这两种"不-二"类型的对照,再透过天台"观妄心""即妄即真"的工夫法

---

[60] 牟宗三:《才性与玄理》,页195—196。

门之对照,可以辅助我们理解《庄子》的"撄宁法门",进而对阐释《庄子》的圆教思维,提供了思想类型学的参考价值。

从笔者看来,牟宗三"向上辩证"的融合进路,将促使《庄子》的观心法门走向"离撄求宁"的去吊诡化,而非"即撄成宁"地真正促成吊诡转化。而本文认为天台的"观妄心"(即染显净)与华严的"观真心"(离染成净),乃可间接对照于"即撄成宁"与"离撄求宁"这两种不同取径对《庄子》观心法门的解读进路。有趣的是,佛教学者龚隽也曾使用"平列的"和"根源的"这组修辞,来描述天台和华严思维模型的核心差异:"如果说天台宗之性具理论是立足于一念无明之心,<u>平列地</u>讲染净相即、真妄不二的圆教思想,那么,华严宗之性起说则以真心为依持,从缘生万法的进路,对真界与万法作<u>根源性</u>的说明,从而沟通法性与法,形成一大不同意趣的圆教系统。'性起'是华严宗极其重要的观念,又称法性缘起。华严宗认为,万法的生起,都依于作为最高主体性的真心。此真心即是佛所自证的法界性起心或第一义心。"[61]

对于天台与华严的两大区别:"性具"与"性起"之别,"观妄心"与"观真心"之别,龚隽除使用"水平性"和"根源性"两模型来加以区分,也使用了"由下而上"(天台)和"由上而下"(华严),这两种空间性隐喻来做区分。笔者认为用"由上而下"的空间模式(可谓纵贯模式),来描述华严的真心优位性、先在性之"真心缘起"系统,是非常合适的。但认为用"由下而上"的空间模式(笔者认为此描述仍未脱纵贯模式嫌疑),未必适合描述天台即妄而真、一念三千的义理模式。主要原因,正如龚隽自己指出的,天台完全不属于"根源性"的描述模型。用本文的概念说,天台不属于"奠基与被奠基"的等级性、优次性之思维模型,天台既不必强调真心是妄心的根源(奠基),也不强调一念心是三千世界的根源(奠基),因为真/妄之间是平等相依的转化关系,而一念心与三千世界也是平等互具的交织关系。正因天台属于"无明无住即法性,法性无住即无明"的两边不住之平等辩证,笔者认

---

[61] 龚隽:《觉悟与迷情》(上海:上海古籍出版社,2012),页164—165。引文底线为笔者所添加。

为与其使用"由下而上"这种容易产生两层存有或等级关系的纵贯修辞，不如使用相互转化与平等辩证的水平修辞。

笔者认为像华严这类具有"根源性"思维的系统，更适合"由上而下"和"由下而上"这两组相互预设的纵贯思维与空间隐喻来描述。华严在解释万法的起源时，是为了对照或调整唯识宗以赖耶妄识解释生灭缘起法的限制。对华严而言，虚妄唯识仅能直接解释生灭流转法之根源或起源，并在理论上造成清净真如法只能以"转识成智"的间接方式被开显。在真常心系统看来，其根本症结在于以妄心唯识为根源，既会使成佛没有心性动力根源的必然保证，又会让真如法成为间接依止而非直接开显。因此华严宗承继《大乘起信论》"一心开二门"以"如来藏自性清净心"为最高主体性之根据，并由第一清净心来重新解释万法之缘起：首先由清净心直接开显真如法（清净门），其次才由烦恼隐覆而间接开显流转法（生灭门）。简言之，华严宗一改唯识宗以"妄心染识"为万法根据，代之以"真心净识"为万法根据。但不管唯识和华严两者对"心识"内涵的定义有多大差异，两者基本上皆以"心识"解释万法起源，皆具备奠基式的分别说之思维特质，则是相类似的。换言之，不管唯识的"万法唯识"或华严的"真心缘起"，都没有离开"奠基"与"被奠基"的根源性思维。因此本文首先强调，用"由上而下"来描述华严宗的"真心缘起"，是极为周洽精当的。但为何本文又会认为"由下而上"这一概念也适合用来描述华严而不适用天台呢？

从笔者看来，建立在"真心缘起"的华严解释系统，虽然它的观心法门属于"观真心"，不像天台就众生当下的"阴识心"（介尔心、刹那心）起观，而是直就佛界真心的圆常自在来起观，也就是唯真心、观真性地直契真源之观法。问题是，华严直观果地的"观真心"，到底要如何实践？华严既不认同天台由一念心"即无明即法性"来圆观圆断，那么华严在重获真心的还原过程中，必然要走一条"离染成净""断妄求真"的不断攀升（由下向上）之天梯历程。这便是天台为何批评华严工夫属于"断断"以及"缘理断九"的缘故，因为华严佛界的真心、如相、法性之重新获得，正是透过十法界"由下而上"的次第升阶来实现的。不管是杜顺的"先剥妄心"，或是法藏的"妄尽心澄"，还是宗密的

"悟妄归真",都带有明显的分段证真、次第还本的"离染趋净"特质。基本上,这便属于"由下而上"的还本归真之工夫论取向。

然而天台既已不在无明/法性之间,做出存有论的等级区分,也不用奠基/被奠基来描述真妄关系,因此天台的"观妄心"就不走向分段证真、还本返原的"由下而上"之趋进法。相反地,天台的圆修工夫强调"即妄即真"的当下转化,因此智颛要强调:"低头举手,积土弄砂,皆成佛道","眼耳鼻舌皆是寂静门,离此无别寂静门"(《法华玄义》卷三中),"一色一香,无非中道"(《摩诃止观》卷一),"举足下足,无非道场"(《观心论疏》卷二)。而知礼更强调"就迷就事辨所观心"(《十不二门指要钞》卷上),"不取佛所得圆常自在之法,但用众生所对色心,为所观之境"(《四明十义书》卷上)。

四明知礼更是直接批判华严"离妄求真"的修法,既远离了当下"即妄而真"的契机而强欲攀援佛境圆常净心,更可能由此而杜塞众生直指色心而当下入道的圆断之路。因此他讥斥"缘理断九"有挂空弊病:"若也偏指清净真如、偏唯真心,则杜初心入路,但滋名相之境……若拨弃阴心,自观真性,正当'偏指清净真如'之责,复招'缘理断九'之讥。"(《十不二门指要钞》卷上)这也是为什么智颛和知礼要彻底由抽象转具体,由高空转当下,直就眼前经验的"阴识心"与"三千法"的交接"当处",兴起一心三观的圆观圆谛:"此之观慧,只观众生一念无明心。此心即是法性,为因缘所生,即空、即假、即中,一心三心,三心一心。此观亦名一切种智,此境亦名一圆谛。"(《四念处》卷四)"应知随观一境,须当处全摄于诸法,当处理具三千,当处转妄成真,方名圆观。"(《四明十义书》卷下)⑫

---

⑫　龚隽认为天台和华严的争议,并非一朝所成,而是源流有自。这个源流和台、严两家对《大乘起信论》的不同解读有关。据龚隽的观点,不论天台还是华严都具有同时回应地论师立场(偏真心依待)和摄论师立场(偏赖耶依待)的融合倾向。例如智颛为了不落入地论和摄论的各住一偏,才提出不住两边的"一念无明法性心"。而华严学人则是把地论的真性和摄论的赖耶识结合起来,落实在《大乘起信论》"一心开二门"的解读。耐人寻味的是,从佛教史来看,为了中兴天台,湛然也开始从不同立场解读《大乘起信论》,因为《起信论》本身就具有"竖向"和"横向"两种解读方式(类似本文的"纵贯"和"水平"),华严是朝"竖向"的"生一切法"做解,天台则是朝"横向"的"摄一切法"做解。另外,龚隽还指出《大乘起信论》在讲述观心法门时,也同时隐含两种方法,一是"即念处无念",另一是"由不觉经始觉到究竟觉的分段证真",换言之,前者倾向于天台的"不断断",后者倾向于华(转下页注)

　　智颛和知礼就众生一念无明阴识心和三千差异法的当处交接，直接"即假、即空、即中"地圆观显圆谛，根本不需要由下往上、分段证真的攀升历程，因此本文才会主张将"上下"与"下上"这组纵贯阶梯式的修辞隐喻，全部让位给华严系统。既然天台不再属于根源性、起源论式的系统，便可彻底考虑使用水平式的平等辩证（或吊诡两行）之修辞隐喻来重新描述。众所周知，天台受《维摩诘经》"以无住本立一切法"之启发，平等双视"无明"与"法性"两无住着，不仅"无明"无住，而能"无明即法性"；而且"法性"无住，亦能"法性即无明"。两者（无明与法性）"以同体故，依而复即"。正是这种真正的"同体相即"关系，才使天台能真正肯认"一念无明法性心"的真妄相依相即，并批评华严宗属于别教的真妄"自他二分"。而本文的水平式的平等辩证模型（或吊诡两行），即是用来描述真妄相依相即之天台模型。而纵贯阶梯式辩证模型，则用来描述真妄"自他二分"的华严模型㊿。而前者正相映于"即撄成宁"，后者则属于"离撄求宁"。

（接上页注）严的"断断"。参见龚隽：《觉悟与迷情》，页 183—186。龚隽对《大乘起信论》具开放性诠释的学术观点，和牟宗三对《大乘起信论》的见解，相当不同。本文无力介入两者对《大乘起信论》的判断，但认为"竖向"（生一切法）和"横向"（摄一切法）这组对比隐喻，很有理趣，并且想要进一步指出："竖向"（华严）倾向起源论的存有论等级表达（一生二门），"横向"（天台）倾向非起源论的吊诡即之表达（二而不二）。值得提及的是，日本学者石井刚亦注意到《大乘起信论》可以往"觉"与"迷"的吊诡不二之"横向"模式去解读的空间，尤其他注意到章太炎将《大乘起信论》"觉"与"迷"的吊诡不二，和他对《齐物论》的政治运用之解读给结合起来。石井刚：《"随顺"的主体实践：〈大乘起信论〉与章太炎的齐物哲学》，《汉语佛学评论》第六辑（2018 年 11 月），页 49—64。

　　㊿　对此，知礼在《十不二门指要钞》的《解因果不二门》，曾对智颛在《维摩经玄疏》的主张——"说自住是别教义，依他住是圆教义"，进行再疏解、再说明，以便澄清华严与天台的区分关键："故释'自住'：法性、烦恼更互相望，俱立自他。结云：'故二自他并非圆义。以其惑性，定能为障。破障方乃定能显理。'（笔者案：此"自住"属华严思维，法性与烦恼各住其性，遥望而不即，且唯有破无明、断烦障，方能显真如理。故天台视其为非圆义。）释'依他'云：'更互相依，更互相即，以体同故，依而复即。'（笔者案：此"依他"属天台思维，法性与烦恼相依相即，同体互依而相即，因此能"烦恼即菩提"，以"不断断"而证圆断圆义。）结云：'故别、圆教，俱云自他。由体同异，而判二教。'"（笔者案：华严与天台，虽然都涉及法性与无明的自他关系，但由于华严将清净真心与染污妄识做超越的区分，两者异层异质而不属同体，因此再怎么描述两者的辩证关系，毕竟无法真正一体相即。而天台的无明与法性，两者属同体的依互关系，不在两者之间做超越区分，因此能于当下一念心而真妄圆通圆悟。）

九、结论：撄宁法门不属"还原论"，
而属"非还原论"的工夫

为呼应华严和天台的"纵贯"（竖向）与"水平"（横向）的对比，并连结《庄子》"离撄求宁"与"即撄成宁"两种工夫论的差异诠释，笔者最后再透过佛教学者龚隽的一组对比性工夫论概念："还原论"和"反还原论"（本文调整为"非-还原论"）⑥，来进一步说明。而在讨论这组概念前，我先做一个结论式的描述，以清眉目。本文所描述的《庄子》"即撄成宁"和天台的"即妄成真"，可归为"非-还原论"工夫。而牟宗三所理解的"离撄求宁"和华严的"离妄归真"，则倾向于"还原论"工夫。《庄子》可描述为：放下"去撄成宁"、解放"还原论"工夫，而领悟"即撄成宁"的"非-还原论"工夫。而天台则可描述为放下"离妄归真"的"还原论"工夫，领悟了"即妄证真"的"非-还原论"工夫。简言之，"非-还原论"是在洞悟"还原论"陷在"手段—目的"的"有为"困境后，领悟"当下即是"的"非-还原"之"无为"工夫。以下尝试进一步说明。

笔者所以运用龚隽的"还原论"和"非-还原论"（或"反还原论"），来描述天台和《庄子》的思维类似性，其原因在于龚隽运用这组概念，本来是为了澄清僧肇的"般若无知"和《庄子》"以无知知"的同

---

⑥ 我将"还原论"和"反还原论"，稍为调整为"还原论"和"非-还原论"。亦即用"非-还原论"来重新描述他的"反还原论"。主要目的在于强调，"非-还原论"并非简单取消或否定"还原论"，而是强调"反还原论"和"还原论"有着批判转化的吊诡关系。亦即"非-还原论"是在"还原论"的"行到水穷处"的目的性修养与有为追求之困境极限处，所顿然领悟的无为无求工夫。换言之，"还原论"是种有求有得的有为工夫。"非-还原论"则是无求无得的无为工夫。但"非-还原论"绝不是简单毫无作为的去工夫，而是不断对"还原工夫"的有求有得、有作有为的当下超越与处处觉察。因此"非-还原论"的"非"之当下超越与当处觉察工夫，预设了"还原论"的存在，并以此有为有得的甚深习性作为"非"的工夫下手处。如此一来，"非-还原论"表达可以突显"还原"与"反还原论"的吊诡转化关系，也比较不会掉入"还原论"与"反还原论"的二元对立关系。而笔者此处的描述，基本上相应于阿部正雄所描述的"本净"与"始净"的吊诡关系。另外，"还原论"和"非-还原论"的对照，相映于"纵贯式的分别说"与"非-纵贯式的非-分别说"相对照，"非-还原论"预设了"还原论"，"非-分别说"预设了"分别说"。或者说，"非-还原论""非-分别"的解构或还原作用，是为了对"还原论""分别说"进行除病作用。亦即"纵贯式""分别说"，只能是权法之一，不宜执权为实为唯一。

异之辨。他认为僧肇袭用了《庄子》"以无知知"等名相到般若的描述中去，结果造成僧肇的"般若无知"概念可能产生歧解：一是朝向"还原论"角度去理解，另一则朝向"非-还原论"去理解。而龚隽认为吸取了般若与中观的僧肇，虽因挟带老庄玄学语言的外衣，容易产生出"还原论"姿态的嫌疑，但僧肇的本怀只能归属"非-还原论"工夫，而且必须和老庄的"还原论"工夫，明白区分开来。对龚隽而言，判断"还原论"和"非-还原论"的区别，其实和"起源论"与"非-起源论"的思维模式之区别，密切相干。然而作为佛教学者的龚隽则认为老庄和玄学思维，毫无悬念地属于"起源论"加"还原论"的思维方式。但如笔者长期来研究老庄的观点所示，以起源论的形上学思维判定老庄（尤其《庄子》），只是一般学术常识的成见，实未能深入老庄"道法自然"的"离据""无本"思维。而一般以"去撄求宁"的还原论工夫来诠解老庄，也是一种有待澄清的片面知见。而本文正是为澄清《庄子》"即撄成宁"的"非-还原论"工夫内涵，故一方面要借龚隽这组概念去连结"庄子—僧肇—天台"的"非-还原论"内涵，另一方面也想破除牟宗三和龚隽将《庄子》理解为"还原论"的偏解与误区。

为方便讨论，不妨先顺着龚隽这组概念来进行描述与厘析。如上所说，龚隽在讨论并检别僧肇和玄学的核心差异时，运用这组对比概念的目的主要是为了强调：僧肇虽然在玄、佛交涉的格义背景下，高密度地使用老庄玄学的修辞语汇（包括存有论和工夫论等概念），但龚隽透过福柯（Michel Foucault）所谓"知识考古学"方法（发掘历史断裂性），坚持当僧肇将老庄、玄学的概念转用到般若（空观）和龙树（中道观）的脉络时，无/有、体/用、无知/知等等意义，已经不再是老庄、玄学的本体论、起源论、还原论的意义了，反而必须从意义的断裂与突破之差异角度，来重新掌握僧肇对老庄与玄学的超克意义。因此龚隽批评汤用彤、吕澂、柳田圣山等学者，他们将僧肇定位为不脱老庄色彩与玄学范围的判断，无法真正显示僧肇终结"格义佛教"的殊胜处与突破义⑥。照龚隽看来，只有厘清僧肇和老庄、玄学在概念

---

⑥　龚隽不同意汤用彤、吕澂、柳田圣山等学者的"老庄化之僧肇""玄学化之佛教"之评价，以及他运用福柯的知识考古方法，参见龚隽：《僧肇思想辩证——〈肇论〉与道、玄关系的再审查》，页 136—140。

相似性底下的内核差异,才能彻底掌握僧肇的"非形上学""非-还原论"的般若中观内涵。言下之意,僧肇虽在玄佛格义的时风背景下,不得不"借车明舟",即不得不用老庄修辞工具(借车)以有利于佛道之传(明舟),但僧肇之精义实已完全扫除实体形上学与主体形上学等阴影。而在龚隽看来,老庄的"无/有""无知/知"等概念,完全是本体起源论、工夫还原论的形上学系统之表象,而僧肇则已彻底走出了本体起源和工夫还原的陷阱,尽管表面上他运用了这些修辞,但车归车(庄归庄)、舟归舟(佛归佛),两者历然分明。

笔者虽同意龚隽对僧肇本人的"非形上学""非还原论"之澄清与判断,却不能同意龚隽对老庄的判断。龚隽本人对老庄的形上学式(由本体之"无"生化现象之"有")、还原论式(还原"虚静无知"的"纯粹意识"之追求)等等解读,只是一偏之见,未能深入观解老庄那些拟形上学、拟还原论的语辞姿态。若能深入且全面扣紧老庄的全幅义理,将发现老庄本身的"超形上学"和"反还原论"之真正义旨。昔日傅伟勋已大体看出老庄和郭象的"超形上学"旨趣,以傅伟勋的创造性诠释观点为例,他认为一般学者只注意到《老子》的"形上学"思想,而未能细微地关注与阐发《老子》的"超形上学"向度。一般学者很容易看到《老子》底下这些文句:"无名天地之始,有名万物之母"(第一章),"有物混成,先天地生……吾不知其名,字之曰道"(第二十五章),"天地万物生于有,有生于无"(第四十章),"道生一,一生二,二生三,三生万物"(第四十二章)。这一系列涉及"生"字的文献,不是朝向宇宙论意义的始源或造物者去解读(the cosmological origin or the creator),就是朝向本体论意义的本根或根据(the ontological root or ground)去解读,但严格讲这些形上学式的解读可能性,却只是一种语言表述的权用之轨迹相(牟宗三则将之称为"语言姿态")。更深层去看,傅伟勋认为《老子》实隐含着对这种形上学式表达的自我超越之暗示(直到《庄子》才更将这种"超形上学"的内涵给十字打开)。换言之,傅伟勋认为《老子》暗示、《庄子》明示的"超形上学",才是老庄之"道与言"的胜义谛,而那种看似带有本体论、宇宙论的形上学迹向,终究是可以自我解放以归入"言无言"的大海,甚至傅伟勋还强调到了《庄子》身上,那种可名可道的形上学姿态(即本体宇宙论之姿态)乃彻底被超克,亦可说"道原"的形上根据问题,被转化为"道言"的去执问题,从而打开"超形上学的吊诡真谛"。而道家这种解放本体宇宙论式形上学的"超形上学"意涵,傅伟勋认为它一则可以区别(也是突破)于西方形上学,另一方面则又契近于大乘佛学(尤其天台和慧能禅)[66]。

有关老庄的道物关系、无有关系,学界已有大量研究指出:老庄不属于(西方)形上学式的本体/现象之两层存有论,亦不属于本体生化现象的本体生起论、本体宇宙论的思辨模式,反应理解为"即物而道""无有玄同"的道家式存有论、过程宇宙论(甚至相通于缘起关系论)。而笔者过去也曾有论文和专书加以澄清与诠释[67],而陈荣灼亦曾透过晚期海德格的"离据""无本"来诠解老庄,以还回老庄"超克形上学"思维的胜义[68]。本文在此无法重复老庄"超克形上学"的细部内容,只能暂时侧重澄清老庄(尤其《庄子》)的工夫论不属于超越语言知见而返回纯粹意识的还原论。如龚隽所判断,本体起源论的形上学经常和还原纯粹意识的工夫论,相互预设[69]。那么,倘若我们能善解老庄"超克形上学"的真义,有关老庄的"非-还原论"工夫内涵,亦可间接开启一道突破间隙。正如龚隽在检别僧肇并不属于本体起源论的形上学思维后,紧接着就进一步检别僧肇"非-还原论"的工夫内

---

⑥ 参见傅伟勋:《老庄、郭象与禅宗》,《从西方哲学到禅佛教》(台北:东大出版,1986),页407。

⑥ 参见拙文:《后牟宗三时代对〈老子〉形上学诠释的评论与重塑》《牟宗三对道家形上学诠释的反省与转向》,《当代新道家:多音复调与视域融合》(台北:五南出版,2021),页1—146。

⑥ 参见陈荣灼:《王弼与郭象玄学思想之异同》,《东海学报》第33卷(1992年6月),页123—137;陈荣灼:《道家之"自然"与海德格之"Er-eignis"》,收入杨儒宾编:《自然概念史论》(台北:台大出版中心,2014),页345—379。

⑥ 据笔者所知,最早将《庄子》的工夫论(如心斋)和胡塞尔的现象学还原、超验意识,给连结起来的学者,可追溯到徐复观:"现象学的归入括弧,中止判断,实近于庄子的忘知。不过,在现象学是暂时的,在庄子则成为一往而不返的要求。因为现象学只是为知识求根据而暂时忘知,庄子则是为人生求安顿而一往忘知。现象学的剩余,是比经验的意识更深入一层的超越的意识,亦即是纯粹意识,实有近于庄子对知解之心而言的心斋之心。心斋之心,是由忘知而呈现,所以是虚,是静;现象学的纯粹意识,是由归入括弧,中止判断而呈现,所以也应当是虚,是静。……庄子忘知后是纯知觉的活动,在现象学的还原中,也是纯知觉的活动。但此知觉的活动,乃是以纯粹意识为其活动之场,而此场之本身,即物我两忘,主客合一的。"《中国艺术精神》(台北:台湾学生书局,2013),页79。

涵。所谓"非-还原论"的工夫内涵,尤其需要透过检别,甚至克服"还原论"的工夫之后,才能更加清楚地被突显出来。

何谓"还原论"的工夫? 龚隽透过检讨舍尔巴茨基(F. Th. Stcherbatsky)和穆谛(T. R. V. Murti)将"空"理解为"绝对主义"的进路,来加以反省澄清。简言之,为克服虚无主义、寂灭主义的空义解读,舍尔巴茨基和穆谛重新将"空"和"涅盘"理解为超越语言戏论,从而转出般若直观所洞察的中道实相,乃属于完全超越语言、超越分别知见的绝对一元之实在(超能所、超主客之不二)。尤其穆谛透过康德的认识论区分(智的直觉和感触直觉的本质差异),运用智的直觉与物自身的直显关系来诠解般若直觉与实相真如的直显关系,以突显中道实相超越经验与范畴的绝对真如性。而如何逼显绝对真实的终极真如性,便在于如何还原纯粹意识的"智性直觉"(般若直观)。对于这种还原回纯粹意识的"智性直觉"之工夫论取向,龚隽便将其归类为"还原主义"或"主观起源性"。因为此等工夫,一方面呈现"离染得净"的渐次相,另一方面则企图返回最原初、最纯粹的原意识状态(龚隽指出这乃相当类似于胡塞尔搁置偏见以还原纯粹先验意识)。

而龚隽认为老庄的"虚心"和"以无知知",就属于这种还原论的工夫,而僧肇虽援用老庄的"虚心""无知"等用语,想表达的却是另一种"无为主义""非-还原"的工夫论。如笔者一再强调,龚隽区分"还原"与"非-还原"这两类工夫论模型极具理趣,但不认同他以"还原论"来理解老庄的观心法门,因为这恰好掉入了牟宗三以"智的直觉"(无限道心)来诠释《庄子》的误区。这也是龚隽底下批评穆谛对中观工夫论的理解误区:

> 尽管穆谛是从康得批判哲学的意义为出发点来了解中观关于般若的观念,但他又不满意康得哲学对于"理智直观"的否定。他认为,康得的认识批判对知识进行了划界而把绝对归之于一种伦理的要求。中观则不是这样,对中观而言,认识的批判是顺于一种更高的直观。在讨论般若圣智——"理智的直观"时,他又赋予中观的"辩证法"以一种类似于现象学意义上悬搁和还原主义的内涵。他指出,般

若圣智要获得一"绝对的确定性"(absolute certainty),并不能透过一般的哲学方式来达成,而需经过一种否定,即净化和去蔽的过程,以还原到纯粹"批判的或反思性的意识中"去。"中观的方法就是扫除一切心智的概念和一切经验或验前的观念。辩证法并不是通向知识的渠道,而是一种净化:即理智的净化之路。"如果我们同意穆谛的意见,那么中观的般若圣智就于老、庄思想中的虚心玄览无有异致,都表达了一种类似现象学的还原效应。在老庄哲学中,存在论意味上的生成论还原格局,是贯通在体道论中的。对"还源性"的追思构成其最为基本的一贯主题。老子的"涤除玄览"和"为道日损";庄子的"唯道集虚,虚者,心斋"和"以无知知"等,都是意在透过"务欲反虚无","遣之又遣,渐阶玄妙"的还原过程,回溯到本原行动的直观中去。⋯⋯也就是说,这是经过悬搁还原的否定过程而后得的"主观起源性"。⑦

值得注意的是,不管是穆谛还是牟宗三,当他们运用康德的超越区分进路,划分出智的直觉(开显本体,主客玄冥)和感性直觉(开显现象,主客对立)的根本差异之后,正想由此突显人的"有限而无限"之能力,以洞悉绝对真实(无执存有)之时,相应的工夫论便也同时走向了超越语言戏论(以入不二的绝对一元)的纯粹意识之还原道路。对此,龚隽还进一步以胡塞尔式的还原纯粹意识,来理解穆谛的"智

---

⑦　龚隽:《僧肇思想辩证——〈肇论〉与道、玄关系的再审查》,页 150。另外,林镇国亦指出:"对穆谛而言,龙树中观哲学的主要精神表现在其辩证法上;此辩证法不是黑格尔哲学的辩证法,而是康德用来从事'理性底批判'的辩证法。'辩证法之目的在于揭明思想范畴的主观性,这些范畴仅具有经验性的有效性,并有意义地用于现象;本体(*tattua*)则超越思想。'⋯⋯思辨理性之所以会落于独断论,乃因为其用'先验的形式'——如生、灭、常、断、一、异、来、去等范畴——来'分别'刹那缘生缘灭的存在,构成吾人对于世界种种的虚妄知识⋯⋯对比于此,龙树中观学则肯定'智的直觉'——'般若智'——的存在,可以直观'物自身'——'实相''真如''法性'——的存在。此'实相''真如''法性'即是智如不二的绝对真实⋯⋯穆谛进一步说明:真实(*tattua*)在中观论典里被界定为超越思维、非相对的、非决定的、寂静的、非戏论的、不二⋯⋯德国康德哲学至观念论为格义资源,进行中观学的诠释,强调佛教中观哲学之优越(例如,佛教肯定"智的直觉"的可能)。这些特色让我们联想到某些现代中国哲学家(特别是牟宗三)的中观哲学诠释。"林镇国:《中观学的洋格义》,页 189—191。

的直觉"之还原工夫：

> 回到纯粹的内直观或一种普遍性的理智直观，意味着不断还原、排除已有的观念（知识）和对象，净化认识心，获得前反思的内在性中的超验性。胡塞尔认为，要获得认识原初的、绝对的明证性，即"可以被当作一种纯粹的直观和把握物件，并且在这种直观中，它是绝对的被给予性"，就必须进行还原式地"悬搁"，把一切非绝对地直观给予性的知识都作为可疑的知识悬搁起来，以求作为认识批判第一出发点的"绝对被给予性领域"或"开端"。也就是说，还原主义是透过不断地净化过程，经由反观自身的解蔽之路，回溯到为日常思想所忽视的"起源上去"。⑦

对于龚隽而言，穆谛这种康德式超越区分、胡塞尔式的意识还原的般若解读，将会离开"即缘起即性空"的缘起中道观，并导致般若偏向于"舍离缘起""先于世界"的纯粹本源之清净意识或绝对开端。这种否定式、净化式、去蔽式的还原工夫，肯定了先在的、清净的、无蔽的绝对本心（或先验意识）的预先存在，因此工夫都在于还原回未被无明遮蔽（语言知见等戏论）之前"纯粹无蔽"的状态。由此可见，这种还原论工夫实隐藏了一种准形上学的"先验主体性"，以作为可还原回归的根基或开端。然而对于龚隽所理解的僧肇，其工夫论内涵正好不是穆谛和牟宗三那种净化感性与知性，以还原"智性直觉"或"智的直觉"之纯粹意识，而是超克还原论的"非-还原论"工夫。龚隽认定老庄玄学才是典型的还原论工夫，而僧肇虽运用老庄的工夫论修辞，但他的真实企图实为超克老庄的还原论工夫，以便揭示般若与龙树中道观的"非-还原论"工夫：

> 《庄子·天地》中非常明确地表达了，这种由道生万物的根源实在论思致是如何一以贯之地通透在性修上去获得

---

⑦　龚隽：《僧肇思想辩证——〈肇论〉与道、玄关系的再审查》，页149—150。

　　"原初给予的看"……也就是说，这是经过悬搁还原的否定
过程而后得的"主观起源性"……正如僧肇在存在论上主张
"当体空"而化解析色明空，宰割求通的"起源性"思想方式，
在般若论上，僧肇也力图消构以致净还原而达成虚寂净明，
回到"主观起源上"去的格局。这或许更切中中观关于"般
若"的意趣。当中观以"空"来规定"般若"时，它本身就给
"般若"贯注了一种类似于无为主义的立场。就是说，般若
并不能通过有为的功行来完成……僧肇认为，"无知"不是
透过解蔽的过程，逐渐去除已有的知识、成见而后得的，它
是自性如此的。⑫

　　有趣的是，在牟宗三的解读下，《庄子》的"以无知知"，反而接近
般若智"荡相遣执"的去执、解蔽，它们都具有牟宗三所谓"般若作用
的圆"之解粘解缚、去知去见的解蔽作用，而且它们也都一样具有还
回"智性直觉"的无执状态。而且不管是佛教的般若之知，还是《庄
子》的无知之知，其发用皆为照见物自身般的绝对真实。例如牟宗三
显然顺着郭象"遗名知"而还灭于冥极，以说明证入"以无知知"之内
涵："兹再归于郭注：'知之为名，生于失当，灭于冥极'之义而言
之……知生于失当，名亦生于失当。皆歧出也。歧出而相札以名，则
反而荡其德。歧出而相争以知，则反而伤其生。故必'遗名知'而化
之于玄冥之境……有知之知皆歧出之失当，皆在无限追逐中表现：顺
官觉经验而牵引，顺概念思辨而驰骛，在主客对待之关系中而撑架。
'灭于冥极'者，即以玄冥而灭此牵引，灭此驰骛，灭此对待关系之撑
架，而归于'无知之知'。"⑬

　　由此可见，牟宗三的解庄进路，其所冥极的"主客玄冥"或"玄冥
主客"之境，大体倾向于还原论的工夫徹向，因而类似于"缘理断九"
而证入绝对清净心的华严模式，而这种还原回戏论之前（二元分别为
戏论之源）的"不二法门"，其所谓的"不二"乃同于"绝对之一"，也可

　　⑫　龚隽：《僧肇思想辩证——〈肇论〉与道、玄关系的再审查》，页150—152。
　　⑬　牟宗三：《才性与玄理》，页211。

说是证入"超语言""超时空""超主客""超心物"的绝对精神、无限心灵（绝对一元论）。牟宗三的"智性直觉"概念所诠解的"入不二法门"，几乎完全消除了分别、对立、矛盾、冲突、差异的"二"，其"不二"乃意味着彻底消除"差别之二"，方能证入"无差别之一"，也就是证入形上同一性的玄冥状态。这也反映在牟宗三用"破二入一"来诠解《齐物论》的"彼是莫得其偶"："不管是'A'或是'-A'，皆得不到它的偶。就是说，'A'得不到它的偶'-A'，'-A'得不到它的偶'A'。为甚么呢？因为'物无非彼，物无非是'。这叫做诡辞。如此一来，二分法没有了。这就冲破二分法。"[74]由上可见，牟宗三所诠解的"莫得其偶"，实已消除了相偶性，而不是"肯定相偶而转化相偶"的吊诡"两行"。

然而笔者所理解的《庄子》撄宁法门，"宁"并非断除"撄"以彻底回归绝对清净的宁，而是不断撄乱而体宁的"即撄即宁"。而这种"撄而成宁"的"撄宁"境界，显然不是还原论的工夫，而是"非-还原论"的工夫。因此"撄宁"境界的"不二"内涵，也非取消"撄乱"之矛盾、冲突（主／客、心／物、自／他等等分别），而是不让各种分别停住在"对偶的死决"，要透过"环中"的"空"来"虚化"成心，以促使"对偶的死决"转化为"两行的天钧"。天均意味着圆通不息的运化历程，而这个不断超越"固而不化"的无穷变化，其中动力反而直接来自"二而不二"的"作用转化反作用"（是亦彼也，A本身就内在于-A之中），"反作用转化作用"（彼亦是也，-A本身就内在于A之中）的两行运动。正是这种"非-同一性"的吊诡两行运动（A和-A，共同促成天均的无穷圆环运动），自我不断进行着"化则无常"的自我超越，因为整个变化过程乃不断超越自我的同一性之重复。《庄子》这种"即撄即宁"的"不二法门"，正好可以抵抗各种类型的"同一性"（包括还原论工夫的"去二归一"的形上同一性境界），因为它是"即二而不二"的"非-同一性"运动，其自身就是为了抵抗任何同一性的固常，并透过吊诡两行而"以应无穷"。

---

　　[74]　牟宗三主讲，卢雪昆纪录：《庄子〈齐物论〉讲演录（四）》，《鹅湖月刊》第27卷10期（2002年4月），页5。

以心、德言性：庄子对人性的整体把握

白自强[*]

内容提要：英文学界对庄子的人性思想几乎没有长篇的专题研究。中文学界的研究虽多，但其中不少都似乎受制于儒家式的有关人性的思考方式，其关注点并没有真正落到庄子"所谓人性，果何所指"上面，而是以庄子有关人性之态度——以其为善或为恶——为重心，不是强调庄子所谓人性是善是恶，就是强调庄子的人性观是超越善恶。在本文中，笔者以整理庄子"所谓人(之共同人)性，果何所指"为目的，从"性"字入手分析庄子对人性的基本理解，然后试图论证庄子是以"常心"定义人性，最终以"道"为庄子广阔的人性论域，论析庄子如何通过"德"对人性做整体的把握。

关键词：庄子，人性，心，德，道

一、前　言

唐君毅在 20 世纪 60 年代便已指出："世皆知中国思想，素重人性问题之论述……然各家学术中，所谓人性或性，果何所指？……各家学术是依何态度观点，以求了解人性或性？……吾人今日又当如何使一般习于西方哲学与心理学之观念者，能对之有一契入之途？则为吾人所当注意之问题。"①时至今日，有关儒家人性思想的研究已经沿着唐先生指出的方向有了相当大的进展，然而有关道家人性思想尤其是庄子人性思想的研究仍有待深入。事实上，英文学界对庄子的人性思想几乎没有长篇的专题研究。中文学界的研究虽多，但其中不少都似乎受制于儒家有关人性的思考方式，其关注点并没有真正落到庄子"所谓人性，果何所指"上面，而是以庄子有关人性之态

---

　*　香港中文大学哲学系博士候选人。（电邮：martinbzq@gmail.com）
　①　唐君毅：《中国哲学原论·原性篇》（北京：中国社会科学出版社，2005），页 1。

度——以其为善或为恶——为重心，不是强调庄子所谓人性是善②是恶③，就是强调庄子的人性观是超越善恶④。两者相较，后者似乎更接近庄子对人性的理解。正如黄勇所言："伦理式的人性……在《庄子》一书中是找不到的。"⑤当然，黄勇并不是说，庄子没有给人性做出任何界定；更不是说，庄子对人性的理解与伦理无关。相反，黄勇不但确切地论证了人性观念在庄子思想中的存在⑥，而且，正如王玉彬认为庄子以德言性，打开了一个更广阔的人性论域并强调了人作为个体的"殊异性"⑦，黄勇也以"尊重不同"为庄子伦理的重心。不可否认，庄子确实强调人与人之间的"殊异性"；然而，这并不意味庄子否定人之为人所共有的人性。在本文中，笔者以整理庄子"所谓人（之共同人）性，果何所指"为目的，从"性"字入手分析庄子对人性的基本理解，然后试图论证庄子是以"常心"定义人性，最终以"道"为庄子广阔的人性论域，论析庄子如何通过"德"对人性做整体的把握。

二、庄子"性"字的内涵

庄子全书使用"性"字达 85 次之多，由此可见他对人性有相当细致的思考。整体来说，身处中国古代哲学大背景中，庄子对人性的理解基本也可以说是一种对"生"的解释⑧，因为庄子也是以生言性的：

---

② 参看张松辉、张景：《庄子心、性思想研究》，《船山学刊》2015 年第 3 期，页 40—47。

③ 参看颜世安：《庄子性恶思想探讨》，《中国哲学史》2009 年第 4 期，页 5—14。

④ 参看张杰、巩曰国：《〈老子〉〈庄子〉〈管子〉稷下道家性超善恶论》，《管子学刊》2016 年第 3 期，页 5—11。

⑤ Huang Yong, "Respecting Different Ways of Life: A Daoist Ethics of Virtue in the Zhuangzi," *The Journal of Asian Studies* 69 (2010): 1050.

⑥ 参看：Huang Yong, "Respect for Differences," in Lorraine Besser-Jones and Michael Slote, eds., *The Routledge Companion to Virtue Ethics* (New York and London: Routledge, 2015), pp. 105–107.

⑦ 王玉彬：《"德""性"之辨——〈庄子〉内篇不言"性"释义》，《哲学研究》2017 年第 12 期，页 65—73。

⑧ 陈金樑指出："虽然人性论在古代中国哲学中非常复杂，争论激烈，但'性'基本上仍可视做对'生'的解释。"见陈金樑：《无情与猖狂：论〈庄子〉中"无情"的两种解释》，《中国哲学与文化》2009 年第六辑，页 246。

"性者,生之质也。"⑨另外,正如葛瑞汉（A. C. Graham）所指出的,中文"性"字和英文表示"性"的"nature"一字在字源上如出一辙,都源于"生"字。所以,要整体把握庄子对人性的理解,且要"使一般习于西方哲学与心理学之观念者,能对（庄子所言之人性）有一契入之途"⑩,首先从字源学上探究一下"性"字应该会颇有助益。简而论之,根据葛瑞汉的分析,正如英文的"性"字——"nature"——可以回溯至一个拉丁文被动形式的动词"nascor"（被生成）一样,中文的"性"也来源于一个动词"生"⑪。这就意味着,"性"字所指代的是生来便有的某些内容或人"不得不依始的属性"⑫。当然,中文的"生"字与拉丁文的"nascor"也是大有不同,后者仅仅是被动式的动词"被生",而前者既可以是被动式的动词"被生",也可以是主动式的动词"生长"或"生活"⑬。即是说,中文的"性"字也指代一个事物之所以行动和发展的内在原因。就这一点来看,Dan Robins 所强调的,即中国哲学所谓一个事物的"性"是在其现实行动中真正展现出来,是有一定道理的。然而,Robins 把一个事物的现实行为和实现此行为的能力对立起来,强调一个事物的"性"并没有后者的意涵而仅仅意指前者,这观点却是偏激的⑭。因为,最起码对庄子而言,"性"的含义既来源于主动的"生"又来源于被动的"生",也就是说,一个事物的"性"既可以因其现实的行动得以确立,也可以因其生来就有的实现其行动的能力得以确立。

---

⑨ 《庄子·庚桑楚》,见郭庆藩:《庄子集释》（北京: 中华书局,2019）,页 804。下文凡引用《庄子》,除非另外标明,皆采用此版本。

⑩ 唐君毅:《中国哲学原论·原性篇》,页 1。

⑪ A. C. Graham, "The Background of the Mencian Theory of Human Nature," in A. C. Graham, *Studies in Chinese Philosophy & Philosophical Literature* (Singapore: Institute of East Asian Philosophies, National University of Singapore, 1986), p. 7.

⑫ 同前注。

⑬ 同前注,页 8。

⑭ Dan Robins: "I argue that … it can be a thing's *xìng* to behave some way only if it actually does behave that way when not interfered with. I specifically reject several views to the contrary: that it can be a thing's *xìng* to behave a particular way if it simply has the potential to behave that way, if it has the ability to behave that way, if it will behave that way if it develops appropriately in the future, or if normal mature members of its species behave that way." ("The Warring States Concept of *Xing*," *Dao: A Journal of Comparative Philosophy* 10.1 [2011]: 32)

　　庄子虽然从字源学的角度开始认识人性，却也极大地拉伸了人性字源学上的意义，使之可以含容庄子本人有关人性的独到见解。本节首先分析庄子所谓"人性"的具体内涵，进而讨论庄子就人性比较深邃的认识。

　　就庄子所谓人性具体内涵而言，庄子第一次使用"性"字时，似乎就是依其从"生"的被动形式引申出来的含义，强调了人性是因着人生来就有的内容所确立的："骈拇枝指，出乎性哉！而侈于德；附赘县疣，出乎形哉！而侈于性。"⑮这里，庄子说"骈拇枝指，出乎性哉"的时候，虽然并不是在说人性一定包含骈拇枝指，但却指出了骈拇枝指也可以是出乎性的，可以是人性具体地表达自身的一种方式。由此可见，庄子所说的人性不是抽象的而是具体的，是可以长出血肉的，甚至是需要以血肉的形式具体地表达自身的。这就是说，人的身形是具体之人性不可或缺的部分。换言之，要真正地认识人性，就只能从具体的个人出发，甚至不能不考虑其生而便有的身形。

　　庄子以骈拇枝指言言人性，值得人去更进一步地深思。对庄子而言，骈拇枝指虽然非同寻常也不为大多数人的身形所有，却也不失为人性之正常甚至不能被侵害的具体表达："彼正正者，不失其性命之情。故合者不为骈，而枝者不为跂；长者不为有余，短者不为不足……故性长非所断，性短非所续。"⑯可以说，借着肯定非常的骈拇枝指为正常的人性表达，庄子强调了人性不单单是具体的而且也承载着不可被侵害的独特性。当然，值得注意的是，庄子虽然肯定了"骈拇枝指"为人性的正常表达，却并没有同样肯定"附赘县疣"为身形的正常展现。这就意味着，虽然后者是身形的展现，却并不因此就是正常的。同理，骈拇枝指之所以被认为是正常的，并不是因为它们生来就有，而是因为它们是被具体化的人性所摄有包含。也就是说，骈拇枝指或身体其他部分，并不是因着它们自身，而是因着它们被人性所摄有才是正常而不可侵害的。换句话说，绝对不可侵害的是人性，并不是生下来便有的骈拇枝指本身⑰。

---

⑮　《庄子·骈拇》，页731。
⑯　同前注，页323—324。
⑰　同理，如果一个孩子生下来就是"肛门闭锁"的，那么庄子肯定不会反对给孩子动手术开肛门的。

作为被人性所摄有的骈拇枝指,却给了庄子足够的理由去否定儒家对人性的伦理式定义:"意仁义其非人情乎!"[18]并且,庄子以类比的方式做了辩驳:正如"骈于拇者,决之则泣;枝于手者,龁之则啼",同样以"仁义"类的美德定义人性无非就是以规矩、钩绳及胶漆侵害之[19]。在这一意义上,黄勇的判断是正确的:"伦理式的人性……在《庄子》一书中是找不到的。"[20]当然,这并不代表庄子所理解的人性允许反伦理的行为或与儒家所谓"仁义"相悖的行为。事实上,在庄子看来,不管是合乎所谓"伦理"的善行还是与之相悖的恶行,都是对人性有害的:"百年之木,破为牺尊,青黄而文之,其断在沟中。比牺尊于沟中之断,则美恶有间矣,其于失性一也。跖与曾史,行义有间矣,然其失性均也。"[21]可见,正如很多论者早已指出,庄子所理解的人性是超越伦理上的善恶的[22]。

庄子超越善恶的人性论使不少学者认为:"若儒家是'以善恶论性',道家就是'以真伪论性'。"[23]这种说法固然对理清儒道两家理解人性的进路有所助益,然而若因此就断定庄子否定"同一"的人性而对"完全个体化或殊异化的存在原则"推崇备至[24],那就难免失之偏颇。这种偏颇最终必将导致伦理上的虚无主义或相对主义。然而,庄子显然既不是伦理虚无主义者,也不是伦理相对主义者;相反,庄子眼中有明确的好坏对错,"盗跖与伯夷"在他看来,"是同为淫僻也",而他所认为"善"的是"任其性命之情"[25]。可以说,庄子并没有颠覆善恶或伦理本身,而是使善恶和伦理脱离了约定俗成的束缚,超

---

[18] 《骈拇》,页 324。

[19] 同前注,页 325—328。

[20] Huang, "Respecting Different Ways of Life: A Daoist Ethics of Virtue in the *Zhuangzi*," p. 1050.

[21] 《庄子·天地》,页 458。

[22] 参看张杰、巩曰国:《〈老子〉〈庄子〉〈管子〉稷下道家性超善恶论》,页 5—8。

[23] 王玉彬:《"德""性"之辨——〈庄子〉内篇不言"性"释义》,页 66,语引陈静:《"真"与道家的人性思想》,《道家文化研究》第 14 辑(1998),页 79。

[24] 同前注,页 69。

[25] 《骈拇》,页 334—335。关于庄子既非虚无主义又非相对主义者的论证,可参看:Robert E. Allinson, *Chuang-Tzu for Spiritual Transformation: An Analysis of the Inner Chapters* (Albany: State University of New York Press, 1989);中译:爱莲心著,周炽成译:《向往心灵转化的庄子:内篇分析》(江苏:江苏人民出版社,2004)。

越了社会习俗的建构，最终奠基在人本有的"性命之情"之上。也就是说，善恶和伦理不是一种社会建构或某种约定俗成的生活准则，而是性命之情的真实流露。下面要展开的便是庄子有关所有人之"性命之情"的新理解。

首先，就如上文已经初步提到的，庄子认为人性不是抽象的而是具体的，并且人的身形是人性不可或缺的部分。庄子对身形的重视，并非仅仅体现在肯定身形的不可忽略性，或解释"养生"时特别提到不能不"保身""尽年"[26]。在被惠子质问"人而无情，何以谓之人？"的时候，庄子还认为，人的身形更是解释人之所以为人的正向因素："道与之貌，天与之形，恶得不谓之人？"[27]可见，在庄子看来，人的身形不仅仅是人性不可或缺的，更是人性本质性的部分。就此而论，Xiaofan Li 对庄子伦理的解读是比较有根据的："对庄子而言，伦理生活的第一步便是保存身体性的生命。"[28]这是因为，在庄子看来，既然人性以人的身形为其本质性部分，那么尊重人的身体就是对人性最起码的尊重。

其次，庄子并不认为人性可以化约为人的身形，也并不认为人的身形是人的"最高价值"之所在[29]。相反，庄子认为人有比身形更重要的构成部分。因此，他曾感叹说："悲夫！世之人以为养形足以存生。"[30]这就可以说明，庄子为什么从来没有把身形上的缺失看成是人之为人的缺失，却列举了很多身体有残缺的人作为人之为人的典范。他们虽然身体上有残缺，然而却更完整地保存了比身体更为重要的人性内容[31]。相较而言，比身体更为重要的内容是更具有本质性的人性内容，可以说是人性的"形式性构成内容"。

庄子不但认为人性有其形式性内容，而且还对此内容做了比较

---

[26] 《庄子·养生主》，页121。

[27] 《庄子·德充符》，页226。

[28] Xiaofan Li, "Preserving Life Force：Antonin Artaud and Zhuangzi on the Body," in R. Ferreboeuf, F. Boble and T. Plunkett, eds., *Preservation*, *Radicalism*, *and the Avant-Garde Canon* (New York：Palgrave Macmillan, 2016), p. 157.

[29] Li 误以为庄子把人的身形看成了人的最高价值所在。见同前注，页154。

[30] 《庄子·达生》，页174。

[31] 比如庄子的叔山无趾，便是虽然"亡足"却"犹有尊足者存"的真人。参看《德充符》，页208。

具体的描述,而这些描述则反映了,庄子所讲的"性"还容纳了由"生"的主动性所衍化出来的意涵。首先,庄子认为性是行动的本原㉜。然而,如果要追问人性何以是人之行动的本原时,那就要追溯到人性的形式性内容。这一点,庄子在哀骀它的故事中做了明确的说明。故事中,哀公让仲尼解释为什么极其丑陋的哀骀它会如此取得他的信任,致使他自愿以国事相托。庄子借着仲尼的口以寓言的方式解释说:"尝使于楚矣,适见㹠子食于其死母者,少焉眴若,皆弃之而走。不见己焉尔,不得类焉尔。所爱其母者,非爱其形也,爱使其形者也。"㉝不言而喻,哀骀它之所以能使哀公信任自己的原因,肯定不是他的身形,而是内在于其身形的"使其形者"。由此可见,人性的形式性内容是身形内的"使其形者",此"使其形者"直接解释了人性为什么是人之行动的本原。

另外,作为人之为人的动力性因素,庄子所谓人性的形式性内容,并不像康德的自由意志一样是一个纯粹的、不曾受任何影响的动力,而是一个有内在倾向的动力。所以,庄子也以倾向言性,而且还认为人性的某些基本倾向是固定的,使得人性是"常性"而有"常然"㉞,甚至是"不可易"的㉟。这就意味着,人性如果没有外力的干扰,就会自然而持久地表现某些行为㊱。换句话说,一个事物的自然行为是由其性所决定,不同的性就有不同的自然行为。比如,马之真性就决定了它要"龁草饮水,翘足而陆"㊲;鸱鸺的性则使它"夜撮蚤,察毫末,昼出瞋目而不见丘山"㊳。因此,人性的形式性因素具备其本有的倾向,而此倾向决定了人之为人的行动。

再者,庄子认为,人性的形式性因素不是盲目的,而是有知识和有自觉的。因此,庄子除了以倾向言性之外,还以认知能力言性,认为发自本性的行为同时取决于某种相应的认知能力。因此,马之所

㉜ "性之动谓之为。"《庚桑楚》,页804。
㉝ 《德充符》,页215。
㉞ 《骈拇》,页328。
㉟ 《庄子·天运》,页533。
㊱ "民有常性,织而衣,耕而食……一而不党。"《庄子·马蹄》,页342。
㊲ 同前注,页338。
㊳ 《庄子·秋水》,页578。

以有"陆居则食草饮水，喜则交颈相靡，怒则分背相踶"的自然行为，是因为"马知已此矣"（马所知道的仅止于此）[39]。同样，人之所以有人的自然行为，那是因为人有相应的认知能力。因此，庄子有一次并没有区分人性和人的认知能力，以认知能力的高低标识具体人性的高低："啮缺之为人也，聪明睿知，给数以敏，其性过人。"[40]当然，庄子并不是说人性本身有高低，而是强调了符合人性的生活必须有其相应的知性发展，在"大惑"状态下的生活对应的是异化了的人性[41]。

除了以上显而易见的具体的人性内容和其特征之外，人性在庄子的认识中还有其深邃而丰富的一面。对此，庄子至少以四种方式予以肯定。第一，庄子赞扬"任性命之情"而鄙视把人性附属于对任何所谓高贵事物的追求："且夫属其性乎仁义者，虽通如曾史，非吾所谓臧也；属其性于五味，虽通如俞儿，非吾所谓臧也；属其性乎五声，虽通如师旷，非吾所谓聪也；属其性乎五色，虽通如离朱，非吾所谓明也……吾所谓臧者，非所谓仁义之谓也，任其性命之情而已矣。"[42]可见，庄子认为，人性的真实内容丰富而深邃，远远高于通常所谓的仁义道德或调制"五味""五声"或"五色"的技能。

第二，庄子并非完全反对仁义或调制"五味""五声"或"五色"的技能，只是认为它们都必须附属于人性之下，它们只有在人"安其性命之情"的时候才会有其合理的秩序，否则只会"脔卷獊囊而乱天下"。而人性的丰富性就体现在，如果人能"安其性命之情"，所谓仁义类的美德或其他的生命技能都仅仅是可有可无[43]，甚至是完全不需要[44]。

第三，庄子进一步指出，所有仁义等美德所维持的秩序都以其更

㊧ 《马蹄》，页347。

㊱ 《天地》，页421。

㊷ "小惑易方，大惑易性。"《骈拇》，页330。

㊸ 同前注，页334。

㊹ "说明邪？是淫于色也；说聪邪？是淫于声也；说仁邪？是乱于德也；说义邪？是悖于理也；说礼邪？是相于技也；说乐邪？是相于淫也；说圣邪？是相于艺也；说知邪？是相于疵也。天下将安其性命之情，之八者，存可也，亡可也。天下将不安其性命之情，之八者，乃始脔卷獊囊而乱天下也。"参看《庄子·在宥》，页377—378。

㊺ "性情不离，安用礼乐。"《马蹄》，页344。

高的形式内含于人性之内。只要人不"淫其性"，不"苦其性"⑮，反而"以恬养知"并"以知养恬"的话，就可以使"和理出其性"并建立更高形式的秩序："知与恬交相养，而和理出其性。夫德，和也；道，理也。德无不容，仁也；道无不理，义也；义明而物亲，忠也；中纯实而反乎情，乐也；信行容体而顺乎文，礼也。"⑯在庄子看来，由性而出的美德之所以是更高形式，是因为它们都是"无不容"而"无不理"，远远高于"合一君"而"征一国"的美德⑰，甚至高于尧舜"愁其五藏"而为的仁义，因为后者"犹有不胜"，"放讙兜于崇山，投三苗于三峗，流共工于幽都"⑱。

第四，庄子甚至以为，人性的含容性甚至对整个自然界的秩序都有决定性的影响。庄子所设想的至德之世便是人们"同乎无知""同乎无欲""素朴而民性得矣"的时候⑲。与人们自得其性相应的就是无所不容的和谐与共，人们不但无须区分君子与小人，甚至都"同与禽兽居，族与万物并"⑳。也就是说，人性的内容与整个自然界的内容有某种联系和对应。

综上所述，庄子对人性的理解基本上可以算是一种独特的对"生"的解释。具体而言，庄子认为人性是人生来便有的特性，此特性即具有某些具体的内容又有一些格外深邃的特征。首先，人性的内容包括人的身形，因为人的身形是人性具体的外在表现形式和内在的构成内容。除了人的身形之外，人性还包括一种比身形更尊贵的内容，笔者称之为"形式性内容"。对庄子而言，人性的形式性内容是驱使身形的动力因素，有某些内在的基本的倾向，并且还有与此基本倾向相应的认知能力。另外，人性也是格外深邃的，这是因为人性高于所有人们通常所谓的高贵事物，如仁义一类的社会性美德和调制"五味""五色"和"五声"的技能等。在庄子看来，如果人能"安其性

---

⑮　《在宥》，页 374。
⑯　《庄子·缮性》，页 547—548。
⑰　《庄子·逍遥游》，页 19。
⑱　《在宥》，页 382。
⑲　《马蹄》，页 344。
⑳　同前注。

命之情"，其他所谓高贵事物都是可有可无的，因为在人性中包含着一种更有含容性的秩序，这种秩序一旦发挥作用，能使所有人甚至整个自然界和谐与共。本文第二部分将要探讨，什么是可以解释人性之具体特征和人性之深邃的人性形式性内容的。

三、庄子以"心"言性

在这一部分，笔者首先论证庄子所谓"人性的形式性内容"就是人的"常心"，之后阐释庄子所谓人之"常心"到底所指为何。按照前一部分的整理分析，"人心"最有可能是庄子所谓"人性的形式性内容"，因为庄子对人心的描述很大程度上符合他对人性形式性内容的描述。具体而言，"人心"在庄子看来也是极其有能动性的，它"偾骄而不可系"，"其疾俯仰之间而再抚四海之外"[51]。能动性如此之强的心，不可能仅仅是人身形中血肉的部分或器官，由庄子"经常以'形''心'相对而言"[52]可得而知，心是区分于身形的精神体。当然，庄子并没有把"形"与"心"相对立起来，而只是强调人性是由两相区分的"形"与"心"复合而成的。所以，当他"说到'形'如何时便紧接着会说'心'如何，反之亦然"[53]。就此而论，Livia Kohn 把庄子的"心"理解成"人的构筑性能量"（a structuring force within the person）并非没有道理[54]。换句话说，心就是人的"使其形者"。此外，庄子认为，人心有落实于"常心"的倾向，人只能"以其心得其常心"[55]。然而，此落实是以心本有的认知能力为前提："以其知得其心"[56]。也就是说，心是有认知能力的。如此一来，庄子应该是以"常心"定义人性。在《德充符》中，庄子通过孔子对王骀的点评就表达了这一点：王骀"以其知得其心，以其心得其常心"，而归向王骀的人数与归向仲尼的相若。被

---

[51] 《在宥》，页381。
[52] 李霞：《生死智慧——道家生命观研究》（北京：人民出版社，2004），页134。
[53] 同前注。
[54] Livia Kohn, *Zhuangzi: Text and Context* (St. Petersburg, FL: Three Pines Press, 2014), p. 58.
[55] 《德充符》，页198。
[56] 同前注。

问到为何那么多人归向王骀时，仲尼的回答是："人莫鉴于流水而鉴于止水"[57]，而王骀的"常心"就是那能使人照见自己之所以为人的"止水"。这就意味着，"常心"对所有个体来说，都是其所以为人的关键。当然，静如止水的"常心"并不与心的能动性相违背，相反，恰恰因为它能像镜子一样清晰地映照一切，所以才可以应对一切并且"胜物而不伤"[58]。就这一点而论，Chris Fraser 把庄子的心理解成人一切"能动性之结点"（nexus of agency）[59]，也是比较准确的。总而言之，人性的形式性内容就是作为"人的构筑性之能量"和人的"能动性之结点"的"常心"。

不可否认的是，庄子对"心"也有很多负面的描述。首先，庄子似乎曾把"心"和"性"对立起来，认为人们顺从人"心"的时候便是离弃了人"性"[60]。另外，庄子似乎还把人因心而有的认知行动或知识，与人的"性"相对立，认为人"性"是在人没有认知行动的时候才能真正地有所施展[61]，而至德之世的人也是在没有知识的状态下才得以保持其"性"[62]；到后来"上诚好知"而民始有知的时候，至德之世就不复存在，因为人们好知的结果是，不但人而且万物都莫不失其性[63]。总而言之，庄子有些时候似乎是反对知识，反对以心言性。然而，事实上，庄子并"非完全反知"[64]。相反，他多次肯定"小知"所不及的"大知"[65]，重复赞扬古人之知"至矣，尽矣"[66]，并强调"有真人而后有真知"[67]。可见，庄子所反对的仅仅是由"俗思"和"俗学"所产生的小知

---

[57] 《德充符》，页 199。

[58] 《庄子·应帝王》，页 313。

[59] Chris Fraser，"Emotion and Agency in Zhuangzi，" *Asian Philosophy* 21（2011）：99.

[60] 参看《缮性》，页 552。庄子认为，人们"去性而从于心"是至德之世之衰落的极致体现。

[61] "圣人达绸缪，周尽一体矣，而不知其然，性也。"《庄子·则阳》，页 873。

[62] 参看《马蹄》，页 344。

[63] "上诚好知而无道，则天下大乱矣……上悖日月之明，下烁山川之精，中堕四时之施，惴耎之虫，肖翘之物，莫不失其性。"《庄子·胠箧》，页 368。

[64] 徐复观：《中国人性史论》（上海：华东师范大学出版社，2005），页 235—236。

[65] 《逍遥游》，页 13。

[66] 《庄子·齐物论》，页 80；《庚桑楚》，页 797。

[67] 《庄子·大宗师》，页 231。

和伪知⑱，并不反对真实人性的大知和真知⑲。进一步而言，庄子并没有真正把"心"和"性"对立起来，也并不反对以心言性。他言说人性时所反对的"心"不是人的"常心"，而是产生"俗思"和进行"俗学"的迷乱之心，也就是那致使人离弃"性"的"溺心"⑳。

庄子最少区分了两种迷乱之心或"溺心"，一种是"撄心"或"被撄之心"，另一种为"成心"或"自成之心"。"撄心"主要是一种他迷之心，即被他人或被外物所迷惑的心。由"撄心"所产生的心知是"与性相违背之心知……向外逐取，而思虑预谋之心知"㉑。在庄子看来，古时候，尧舜之心就是被黄帝的仁义所撄，"尧舜于是乎股无胈，胫无毛，以养天下之形。愁其五藏以为仁义，矜其血气以规法度"㉒。因为仁义并非其内在的性命之情，所以尧舜即使"愁其五藏以为仁义"，且结果也是"犹有不胜也"而"放讙兜于崇山，投三苗于三峗，流共工于幽都"㉓。之后更多人的心被外物所迷惑，以至于"自三代以下者，天下莫不以物易其性矣！小人则以身殉利，士则以身殉名，大夫则以身殉家，圣人则以身殉天下"㉔。简言之，"撄心"——他迷之心——所导致的，是使人"得人之得而不自得其得"，"适人之适而不自适其适"㉕，最终使人"残生伤性"㉖。与"撄心"不同，"成心"不是他迷之心而是自迷之心，其主要特征是"主观性和现成性"㉗以及极强的片面性。成心的主观性在于妄自尊大和以己为师，具体体现就是自是而非他，自贵而贱他。在庄子眼中，儒墨两家皆是如此，彼此"是其所非而非其所是"㉘。进一步推展出去的话，这种主观性因为不考虑他者

---

⑱　陈鼓应：《庄子今注今译》（北京：中华书局，2016），《缮性》，页412。
⑲　"世人好笼统地用反知二字以说明庄子的态度，有失庄子的本意。"徐复观：《中国人性论史》，页235—236。
⑳　《缮性》，页552。
㉑　唐君毅：《中国哲学原论·原性篇》，页25。
㉒　《在宥》，页382。
㉓　同前注。
㉔　《骈拇》，页330。
㉕　同前注，页335。
㉖　同前注，页330。
㉗　匡钊：《先秦道家的心论与心术》（北京：中国社会科学出版社，2021），页87。
㉘　《齐物论》，页68。

的独特性，却总是以自己为准则去对待他者，所以，虽然很多时候可能是怀有善意，却恰恰因此而给世界带来混乱不安。比如，给"浑沌"开窍的"儵"与"忽"[79]、善治马的伯乐[80]和"善"待海鸟的鲁侯[81]等等，他们虽都是好意，然而他们成心的主观性却对他者产生了致命的伤害。另外，成心的现成性则是心的"物"化，与庄子所称道的"虚室"之心相左，其主要体现是执着于刻下之所成，面对"死生存亡，穷达贫富，贤与不肖毁誉，饥渴寒暑，是事之变"的"命之行"时[82]，不能"无誉无訾，一龙一蛇，与时俱化"[83]，总是"与物相刃相靡……终身役役而不见其成功，茶然疲役而不知其所归……"，最终"其形化，其心与之然"[84]。"物"化而现成的心，最终与身形无异。担忧"瓠落无所容"而"掊之"的惠子便是有"物"化之心而现成性很强的人。第三，成心的问题可以归结为成心的片面性，而其片面性又是由道的隐退所造成："道隐于小成，言隐于荣华。故有儒墨之是非，以是其所非而非其所是。"[85]当然，事实上并不是道隐退了，而是人心离弃了道。对庄子而言，离弃道的含义之一就在于拒绝"以道观之"的视角，然而，这必然带来视角的物化，从而形成"以物观之"的视角："以道观之，物无贵贱；以物观之，自贵而相贱。"[86]也就是说，成心的主观性和成心的现成性是必然相连的：离弃道之后，人只能自师其心，而自师之心本身就意味着心的物化和随之而来的以物观之的视角，其结果就是无法逃离的片面性。在庄子看来，那些自师其心的"圣人"们就是心被"物"化的人，他们固执地要以仁义治人治世，而现成性很强的他们只能"蹩躠为仁，踶跂为义"[87]，其结果是，试图以仁义治理天下的他们最终成了偏执的"为大盗积者"和"为大盗守者"[88]。

---

[79] 《应帝王》，页 315。
[80] 《马蹄》，页 338。
[81] 《庄子·至乐》，页 620。
[82] 《德充符》，页 218。
[83] 《庄子·山木》，页 666。
[84] 《齐物论》，页 61。
[85] 同前注，页 68。
[86] 《秋水》，页 576。
[87] 《马蹄》，页 344。
[88] 《胠箧》，页 350。

　　由此可见，对庄子而言，定义人性的"常心"不能是"溺心"，即不能是被外物所迷惑并向外驰求的"攖心"，也不能是因离弃道而形成的完全主观的、现成的、片面的"成心"。因此，为了使真正定义人性的"常心"能区别于各种形式的"溺心"，并为了表达他对人之"常心"的特殊认识，庄子独创了一个词语——"精神"。关于这一点，学者早已有所发现："在古典哲学中，'精神'一词首创于庄子"⑧；"在庄子以前，精字神字，已经很流行。但把精字神字，连在一起而成立'精神'一词，则起于庄子。这一名词之出现，是文化史上的一件大事。精神一词明，而庄学之特性更显"⑨。也就是说，庄子之人性观念的特殊之处，在于他以"精神"来表述人之"常心"。这一点从庄子以"圣人之心"解释常人平静下来的"精神"便可得知，庄子说："水静则明烛须眉，平中准，大匠取法焉。水静犹明，而况精神！圣人之心静乎！天地之鉴也，万物之镜也。"⑪换句话说，有精神者便是人，而有平静之精神者便是圣人。因此，既然庄子认为人之为人的关键在于人的"常心"，而庄子对人之"常心"的特殊理解涵盖在他所谓的"精神"中，那么要厘清庄子所谓人性"果何所指"，则必须要厘清庄子所谓"常心"的内涵，而要厘清"常心"的内涵，则必须要厘清庄子"精神"一词到底是什么意思。

　　《庄子》一书中，"精"字出现过 42 次，"神"字 112 次，"精神"一词 8 次。"精""神"二字都以名词和形容词的形式出现过。作为名词的"精"指代的是任何一存在整体的浓缩，或为保证其所是最必要之内含的浓缩，具体可以是"至道之精"（2 次）、"天地之精"（1 次）、"六气之精"（1 次）、"山川之精"（2 次）；庄子说人之精的时候最多（8 次），主要指与身形相对而并存的人性内容⑫。作为名词的"神"字，只用于表述有自主行动能力的存在，包括没有形体却可以行动的存在，如鬼神（6 次）和神明（6 次），以及有形之物之行动的内在本原，如鸡

---

　　⑧　陈鼓应：《楚简〈太一生水〉之宇宙生成论——兼论〈性自命出〉之尚情说》，收入陈鼓应：《老庄新论》（修订版）（北京：商务印书馆，2008），页 119。
　　⑨　徐复观：《中国人性论史》，页 236。
　　⑪　《庄子·天道》，页 462。
　　⑫　"形劳而不休则弊，精用而不已则劳"，"弃事则形不劳，遗生则精不亏"，等等。

之神(1次)和人之神(35次);庄子提到"人之神"的时候,多数也指与身形相对而并存的人性内容(93)。值得注意的是,庄子不但经常把人的"精""神"与人的身形并列对举,而且也把人的"心"与人的身形并列对举(94)。另外,庄子在剖析人时使用的"精"很多时候完全可以与"神"互用(95),而"神"又可与"心"互用(96)。由此可以推定,作为名词的"精""神"在人那里应该是同一内容,即定义人性的"常心";"精"强调了"常心"是人性之最根本内容的浓缩,而"神"则强调了"常心"是人性之能动性的本原。

作为形容词的"精"基本上与"粗"相对,有极其微小而无法分割的意思:"夫精,小之微也。"(97)作为形容词的"神"基本上可以说是"非寻常"和"极奥妙"的意思,庄子曾提到"神丘"(1次)、"神龟"(3次)、"神巫"(1次)、"神禹"(1次)、"神气"(2次),而庄子绝大多数提到的却是"神人"(8次)。值得注意的是,庄子把"神"用作形容词的时候,从来没有以"神"限定过"精";把"精"用作形容词的时候,除了用以限定"神"之外,没有限定过任何其他事物或因素。综合以上分析便可得出一个初步推论:庄子合"精"与"神"成"精神"一词并以此去表述人性之"常心"的时候,比较倾向于以"神"为主词去强调"常心"本有内容的能动性和玄妙性,而以"精"为形容词去强调"常心"的纯素无杂而不可分割性和其潜在性或未完成性,即仍有进一步被凝练和提升的可能性(98)。总而言之,精神是人性中与身形相对而并存的非物质性内容,一种纯素无杂而不可分却仍可以再凝练和提升的能动性内容和玄妙性内容。

庄子所谓精神本身或精神的各种特性,尤其是精神的能动性和玄

(93) "劳君之神与形","抱神以静,形将自正",等等。

(94) 参看"形固可使如槁木,而心固可使如死灰乎"(《齐物论》,页48);"形莫若就,心莫若和"(《人间世》,页170);"且彼有骇形而无损心,有旦宅而无情死"(《大宗师》,页280);"吾愿君刳形去皮,洒心去欲"(《山木》,页670);"备物以将形,藏不虞以生心"(《庚桑楚》,页788);等等。

(95) 庄子批评惠子时说:"今子外乎子之神,劳乎子之精,倚树而吟,据槁梧而瞑,天选子之形,子以坚白鸣!"《德充符》,页227。

(96) 庄子解释心养时说:"堕尔形体……解心释神,莫然无魂。"《在宥》,页398。

(97) 《秋水》,页571。

(98) 关于后面这一点,庄子曾说过人的精神可以"精而又精"。《达生》,页631。

妙性,最终是由天或道所定义的。具体而言,庄子是以一种关系性的方式定义精神,即精神是由道而生并又向道而生。庄子不但说"精神生于道"[99],而且还指出人应该像至人一样,"归精神乎无始而甘冥乎无何有之乡"[100],这里说的"无始"当然非道无疑。在这样的一种关系中的精神,庄子只能以一种玄妙的能动性和作用来加以描述:"精神四达并流,无所不极,上际于天,下蟠于地,化育万物,不可为象,其名为同帝。"[101]笔者认为,可以从两个方面去把握庄子对人性之精神的认识。一方面就是把精神看成是一种道所赐予人的一种能力,即"化育万物"的能力;另一方面就是把精神看成是道所赐予人的一种使命,也即"化育万物"的使命。这就意味着,庄子认为每个人都可以且都应该使自己的精神"精而又精"[102],最终"反以相天"或相助于天[103],化育万物。当然,还需要指出的是,庄子并没有单单把人作为精神的"常心"看成是由道而生并向道而生。在庄子看来,人的形体亦是如此。正如第一部分已经提到,庄子回答惠子的质问"人而无情,何以谓之人"时,就已经明确地提到人的形貌是来自道:"道与之貌,天与之形。"[104]由此可知,在庄子看来,人性的全部内容,即包括其身形以及其形式性内容——作为精神的"常心",都是由道而生并向道而生的。所以,在提出"精而又精,反以相天"之前,庄子已强调说:"夫形全精复,与天为一。"[105]也就是说,庄子要人"精而又精,反以相天"的时候,他鼓励人去修炼并提升的,不单单是人的精神,而且也是人的形体,所以,要看庄子对人性整体的把握,须形体和精神兼顾。这是接下来要讨论的主题。

四、庄子以"德"言性

要最终理解庄子对人性的整体把握,则必须要引入庄子的另一

---

⑨ 《庄子·知北游》,页738。
⑩ 《庄子·列御寇》,页1042。
⑪ 《庄子·刻意》,页544。
⑫ 参看《达生》,页631。
⑬ 《达生》,页631。
⑭ 《德充符》,页226.
⑮ 《达生》,页631。

个概念——"德"。正如论者早已有言："《庄子》内七篇虽然没有性字，但正与《老子》相同，内七篇中的德字，实际便是性字。"[106]"《庄子·天地》云'物得以生谓之德'……是指物所以生存的内在根据。这种内在根据，儒家谓之性，道家谓之德。"[107]然而，庄子所谓的"德"虽然很大程度上等同于"性"，却并非与"性"没有任何不同。从庄子对"德"和"性"的明确定义来看，前者应该也有作为后者形上学之语境的作用：

> 泰初有无，无有无名。一之所起，有一而未形。物得以生，谓之德；未形者有分，且然无閒，谓之命；留动而生物，物成生理，谓之形；形体保神，各有仪则，谓之性；性修反德，德至同于初。同乃虚，虚乃大。合喙鸣。喙鸣合，与天地为合。其合缗缗，若愚若昏，是谓玄德，同乎大顺。[108]

正如锺泰所言："此一节文字虽简而意蕴深微，乃一书中最紧要处。"[109]当然，对于理解庄子人性观的整体而言更是如此。这一节文字中，"德"可以说是庄子整体把握人性的形上学语境。很明显，庄子是以关系性动词"得"去解释"德"的。既然如此，那么"德"所涉及的最少有三方面，即"所得者"（所得之内容）、"所由得者"和"得者"。如此一来，以"德"作为形上学的语境去把握人性就意味：（一）把人性作为"所得者"或人"所得之内容"来进行关照；（二）把人性回溯至其根源——"所由得者"，并从其根源的角度对其进行再认识；（三）把人性作为一个"得者"——一个自我拥有者——进行考虑。

首先，如果把人性——人的形体和精神——看成是"所得者"去把握的话，那么人的形体和精神虽然可以明确地区分开来，却并不是各自可以完全独立的部分，而是互为一体的部分。也就是说，作为

---

[106] 徐复观：《中国人性论史》，页 225。

[107] 张岱年：《中国古典哲学概念范畴要论》（北京：中国社会科学出版社，1989），页 155。

[108] 《天地》，页 431。

[109] 锺泰：《庄子发微》（上海：上海古籍出版社，2002），页 263。

"所得者"（德）而言，形体和精神是不可分的，没有形体的精神和没有精神的形体都不是真正的人之"所得者"或人之"德"，只有互为一体的形体和精神才是真正的人之"所得者"或人之"德"。所以，如果从这个形上学的层面去把握人性的话，那么庄子把人的精神和形体并列对举的同时，虽然有时候好像是认为"先有形体，后有精神，形体决定精神"⑩，有时候却又好像是认为"精神先于形体而生"⑪；但是，庄子并不像李霞所说："关于精神与形体谁先谁后的问题，庄子的认识是有矛盾的。"（页738。）⑫对于庄子而言，"从生命演变与存在的角度来看"人之精神和形体的先后⑬，这一出发点本身就是不对的，因为人的精神和形体对于人的存在而言并无先后，而要保存整全的人性，则既可以从形体入手也可以从精神出发。另外，即使硬是要从"生命演变的角度来看"，人的精神和形体也没有时间的先后，人的精神由道而生的时候，形体也必须随着人的精神同时而生。

其次，如果把人性追溯至其根源，从其"所由得者"的角度去考虑的话，那么庄子就不得不引入"无"这个概念。当然，上面引文中的"无"并不是空无一物的"无"，而是如王叔岷所言，"无，喻道"⑭。也就是说，引文中的"无"喻指超越一切具体之物且不可言说的道。庄子想要表达的可以理解为：道就其本身而言是"非物"的、"无有无名"的；然而，道就其与一切具体之物的关系而言，却是"物物者"⑮，即一切具体之物的本原和归宿⑯，而作为所有事物之本原和归宿的道便是庄子所说的"一之所起"⑰。做了如此的铺垫之后，庄子才引入"德"的概念："物得以生，谓之德。"因此，从其源头——所由得者——

⑩　李霞：《生死智慧——道家生命观研究》，页132。参看《天地》"形全者神全"（页442），以及"形体保神"（页431）。

⑪　李霞：《生死智慧——道家生命观研究》，页133。参看《知北游》："精神生于道，形本生于精，而万物以形相生。"（页738。）

⑫　李霞：《生死智慧——道家生命观研究》，页133。

⑬　同前注，页132。

⑭　王叔岷：《庄子校诠》（北京：中华书局，2007），页433。

⑮　《在宥》，页402。

⑯　参看 Chung Wu, *The Wisdom of Zhuangzi on Daoism* (New York：Peter Lang, 2008), p. 165。

⑰　"一：形容'道'（"无"）的创生活动中向下落实的未分状态。"陈鼓应：《庄子今注今译》，页322。

的角度回头看的话，人是因为获得道才存在。也就是说，人所得的内容——人性或作为整体的形体和精神——其实就是道。关于这一点，徐复观也早有论及："庄子主要的思想，是将老子的客观的道，内在化为人生的境界。"[118]庄子确实内化了老子所认知的道，但绝没有把客观的道彻底扁平化，并简单地把道内化为人心灵的某种境界。相反，客观的形上之道在庄子的思想中还是有一席之地的。所以，内化于人并为人所得的并不是客观的道本身，而是道创生活动的结果。另外，庄子用"一"来表述道的创生活动时，所要表达的观点可以理解为：人得之于道的内容（也就是人的"德"或人性）与道的全部创生活动是相对应的。当然，这种对应并不是绝对的对应，而是一定程度上的对应，所以庄子说："道者，德之钦也"[119]，"道之所一者，德不能同也"[120]。不过，因为人"性"对应的是道的全部创生活动，所以，即使仅仅是有一定程度上的对应，由道而得的人性——人的"德"——仍然有最少以下三个特征：（一）人性有其本有的全备性、充足性和不可侵害性，这种特征可以总称为人的"德之正"[121]。因此，正如马不能为伯乐所"治"，人也不能被所谓的仁义齐平。（二）然而，人的"德之正"并不妨害人与人之间的相互协助甚或人与万物的相携相助。因为从另一个方面讲，与道之"一"的对应还在于，人不是孤立的，而是与万物"同焉皆得""同乎大顺"而同归大道的。也就是说，从由道而生并向道而生的角度看，人与万物是相齐而为一的。这就意味着人性还有另一个向度，即庄子所谓"成和之修"的向度[122]，而"成和之修"的关键在于：最终达于"同于初"的"德"之"至"[123]。（三）正如上面已经提到德，人性有一种玄妙的能动性，以至于可以相助于道而化生万物。也就是说，人不仅仅要协同万物一起达至"同于初"的"德"之"至"，更有协助这一进程的能力和使命。

进而言之，如果把人性作为一个"得者"——一个自我拥有

---

[118]　徐复观：《中国人性论史》，页236。

[119]　《庚桑楚》，页804。

[120]　《庄子·徐无鬼》，页846。

[121]　"多方乎仁义而用之者，列于五藏哉！而非道德之正也。"《骈拇》，页317。

[122]　"德者，成和之修也。"《德充符》，220。

[123]　"德至同于初。"《天地》，页431。

者——进行考虑的话，那么人性的自我拥有形式和其他事物的自我拥有形式就是截然不同的。正如 David Wong 所指出，在庄子看来，人虽然同任何其他具体事物一样，都共同构成一个整体且都是这一整体的一小部分，人却有能力借其理性和想象力去拥抱这个整体[124]。也就是说，人有认知能力和反省能力，而且人的反省能力可以涉及道所创生的一切，其他的事物则不然。用庄子的话说就是，人有能力生成一种"以道观之"的视角。当然，对庄子而言，"以道观之"不仅仅是一种视角，而是意味着相助于道、化育万物的能力和使命。这种能力和使命的实现过程，就是人性自我拥有之形式的持续，或者说作为"得者"的实现。也就是说，人的"自得其得""自适其适"是与相助于道、化育万物紧密相连的，甚至可以说本来就是同一回事。

当然，人性自我拥有之形式的持续，或者说人性相助于道而化育万物的过程，都不是与道脱离的，而是以依顺于道为前提。庄子写舜和丞的对话似乎就是要说明这一点：作为君主的舜，可能是听丞讲论了道的创生活动后，特别感叹道的伟大和力量，所以就想获得道而为己所用，于是问丞："道可得而有乎？"丞当然马上就认识到，舜对道的认识是彻底颠倒了的，虽然道并不是为了一己之私而创生了舜，舜却试图要得道以为己所用。所以，丞就当头棒喝地点明说："汝身非汝有也，汝何得有夫道！"舜当然不知错在哪里，便接着问："吾身非吾有也，孰有之哉？"丞于是做了详细的解释："是天地之委形也；生非汝有，是天地之委和也；性命非汝有，是天地之委顺也；孙子非汝有，是天地之委蜕也。"[125]由丞的解释可以得知，丞说"汝身非汝有也"的"身"不仅仅指舜的身形，也指他整个生活、生命、生活的作为和生命的延续。这一切虽然都确实是舜自己所实现，但更是道所完成。换句话说，作为"得者"的人性，在相助于道、化育万物的时候，确实是在"自得其得""自适其适"，然而，这一切都是以依顺于道为前提。

当然，仍然要说明的是，庄子眼中的人和道并非是彼此相对或相互竞争的关系，也并非是彻底的从属关系。道创生人并使人相助于

---

⑫ 参看 David Wong, "The Meaning of Detachment in Daoism, Buddhism, and Stoicism," *Dao: A Journal of Comparative Philosophy* 5.2（2006）：214。

⑬ 《知北游》，页 736。

道，并不是因为道的创生能力有限或因为道有求于人，而仅仅是因为这就是道使人成为人之所是的方式。换句话说，道所要创生的其实就是可以像道一样去创生的人，或者说，道不仅仅使人性存在而且也使人分享了道自身的创生活动。所以，人性作为一个"得者"，其真正拥有自身的方式就是因顺的方式，成就一切而不居功于己。庄子眼中"其神凝，使物不疵疬而年谷熟"却"无功"的神人便是这样的"得者"。庄子另外提到的"达绸缪"而"周尽一体"的圣人，也是不居功于己，甚至认为自己"不知其然"，反而把一切归之于"性"的自然而然，如此圣人是一个完全因顺的"得者"。反过来说，因顺并不是没有自我地任人摆布，也并不意味着"人说是便是，人说非便非"，而是"用心若镜，不将不迎"地自持[126]，是将一切"照之于天"[127]并"以天合天"[128]（从天的视角去对待万物）地自持，最终是于道的大化流行中"安之若命"地自我拥有[129]。"独与天地精神往来而不敖倪于万物"的庄子[130]在其弟子眼中应该就是如此拥有自我的具体人"性"——"得者"。

五、结　语

为了探讨庄子对人性的整体把握，本文避开了传统探讨人性的方法，没有把重心放在庄子有关人性之态度——认其为善或为恶——的问题之上，反而从唐君毅所指出的"吾人所当注意之问题"之一——"中国思想……各家学术中，所谓人性或性，果何所指？"——出发，首先从庄子的"性"字入手分析庄子对人性的基本理解，然后论证庄子是以"常心"定义人性，最后以"道"为庄子广阔的人性论域，论析庄子如何通过"德"对人性做整体的把握。本文分析所得的发现如下：

首先，庄子所理解的人性，不但有某些具体的内容，而且也有一

---

[126]　《应帝王》，页 313。
[127]　《齐物论》，页 71。
[128]　《达生》，页 657。
[129]　参看《人间世》，页 161；《德充符》，页 204。
[130]　《庄子·天下》，页 1091—1092。

些格外深邃的特征。具体而言，人性首先包含人的身形为其不可或缺的内容，因为人性是因人的身形而具体存在的。除了人的身形之外，人性还包括一种比身形更尊贵的内容，笔者称之为"形式性内容"。对庄子而言，人性的形式性内容是驱使身形的动力因素，有某些内在的基本的倾向，并且还有与此基本倾向相应的认知能力。另外，人性也是格外深邃的，这是因为人性高于所有人们通常所谓的高贵事物，如仁义类的社会性美德和调制"五味""五色"和"五声"的技能等。如果人能"安其性命之情"，其他所谓高贵事物都是可有可无的，因为在人性中包含着一种更有含容性的秩序，这种秩序一旦发挥作用，能使所有人甚至整个自然界和谐与共。

第二，庄子确实是以"常心"定义人性的，而因为其所谓"常心"是区别于各种"溺心"而最终与道相关的心⑬，所以，"常心"解释了人性之深邃性特征，也指向了庄子对人性的整体性把握。具体而言，为了表达对"常心"的这一特殊认识，庄子独创了一个词语——"精神"。经过细致的文本分析，笔者认为，庄子作为精神的"常心"所含有的是一种关系性的内容，也就是说，它是由道而生并向道而生的。进而言之，还可以从两个方面去把握庄子对人性精神的认识：人的精神既是道赐予人的能力又是道赐予人的使命，也就是说，庄子认为每个人都可以且都应该使自己的精神"精而又精"，最终"反以相天"，化育万物。当然，庄子并没有单单把人作为精神的"常心"看成是由道而生并向道而生的，庄子对人的形体也有同样的认识。因为庄子强调人要"夫形全精复，与天为一"，所以当他要人"精而又精，反以相天"的时候，他鼓励人去修炼并提升的，不单单是人的精神，而且也是人的形体。由此可见，庄子对人性有一种整体的把握。

第三，庄子以"德"为"性"的形上学语境，对人性做了整全性的界定。具体而言，因为庄子是以"得"言"德"，所以，以"德"为"性"的形上学就意味着从三个维度去界定人之"性"：（一）把人"性"——人的形体和精神——看成是人的"所得者"，如此一来，人的形体和精神

⑬　本文这一发现受到了匡钊的启发。参看匡钊："道家系统中，人之所是归根结底与道这个最高观念有关。"《先秦道家的心论与心术》，页86。

虽然可以区分开来，却不是两个互相独立的个体，而是彼此以一个整体方式为人所得而成为人的内在规定。（二）把人"性"追溯至其根源，从其"所由得者"的角度去考虑人"性"，因此人"性"的深邃性就得到了解释，因为，如果从人"性"根源回头看人"性"的话，那么人"性"就因着与道的创生活动之间的对应而有某种同一性，从而人"性"不但有其全备而不可被侵害的德之正，不但有与万物"成和之修"的德，而且也有协助万物最终达于"至德"的使命和能力。（三）把人"性"作为一个"得者"——一个自我拥有者——进行考虑，如此一来，人"性"因为自身的认知能力和反省能力是一个独特的"得者"，然而因为人"性"的自我拥有本身也是得自于道的，所以人只能以因顺于道的方式拥有自我，成就一切而不居功，在大化流行中以"安之若命"的方式而"自得其得"，"自适其适"。

总而言之，庄子并非以善恶言人性，而是从人性真实之所是的角度出发，对人性有既具体又深邃的发现，最终以"德"为认识人性的形上学切入点，使人性的具体之所是与人性的深邃，在人性"由道而生并向道而生"之上得到统一。

佛学与中国哲学之交涉

郑宗义

　　本辑主题是"佛学与中国哲学之交涉",共有四篇精彩论文。姚治华的文章探究鸠摩罗什使用"假名"来翻译龙树《中论颂》第 24 品第 18 颂中的短语"依托施设"(prajñaptir upādāya),析论步步推进。先是指出罗什将假字和名字连用,只译出施设而遗落依托的意思,继而检视罗什如何译颂中 prajñaptir 出现的几处名词形式与几个不同的动词变形,发现名词形式罗什译为"假名"与"说",动词变形则译为"可知""可得""说"与"有"。此中第 22 品第 8 颂一个变形动词 prajñapyeta 译为"有",更引出罗什理解的施设或假名,是否施设而有(非施设而无)、假名有(非假名无)的关键问题。为回答这问题,姚文重点分析(传统上归于)青目的注释中的"假名"及其相应语境,此即"我"(或舍主、作者、见者、刈者)、"业"(或身、作者、受者)、"梦"、"幻"与无为法(如"空""涅盘"),得出罗什仅在施设与假名是涉及无为法时才采取假名无的立场,而凡涉及有为法的都是假名有。假名有,即承认假名是一个弱的、次级的存有,姚文推断是罗什引入说一切有部的"假有"概念来解读中观的结果,其时代还早于安慧、清辨和月称的相关注疏。文章示范了如何细腻剖析文本的工夫,也侧面折射出翻译不免于诠释的错综现象。

　　诠释总是多元且富于争议,接下来陈荣灼的文章便是个生动的例子。陈文主要是在回应梅约翰(John Makeham)近时主编的书 *The Buddhist Roots of Zhu Xi's Philosophical Thought*(2018)。作者虽然肯定此书在研究朱子与佛学的关系上有功于西方学界,甚至以为可以视作是继日本学者后对这课题的第二波研究,但质疑其主旨——朱子思想的先后发展实好比从华严宗过渡到天台宗,而主张影响朱子思想最深的应是华严,因华严甚至为朱学提供了一个"概念性架构"。作者的质疑是通过与书中任博克(Brook A. Ziporyn)、梅约翰以及安靖如(Stephen C. Angle)三文作论辩来展开。对任博克论体用,其中析述朱注《太极图说》使用的诡谲表述、天台与华严的体用观与"中"的观念,陈文都提出驳论。对梅约翰推断朱子是依《大乘起信论》"一心开二门"的思路来解答恶之根源的问题,陈文同意之余,却认为朱子论恶应与其性善立场合看,故绝不类乎天台性恶的思想。至于梅约翰顺二门而将朱子的存有论定性为"理气两极的一元论",陈文也不同意而主张朱子是"理一元论"。对安靖如提出朱子的"识别知识论",并厘清朱子三种知识的分类,陈文除了对它们的排序方式有异议外,更强调应重视朱子之肯定一种"先于反思"的认识模式。毋庸讳言,这篇商榷文字涉及朱子哲学、华严与天台佛学、西方学界与作者本人的诠释,读者如缺乏相关背景,不易评判双方孰是孰非,但如具备相关了解,则又极有可能判定双方皆非(《齐物论》云:"然则我与若与人俱不能相知也,而待彼也邪?")。这正是多元诠释有趣之处。

再来,耿晴的文章亦是商榷文字,其商榷的是牟宗三对佛家体用义的理解。依牟宗三,佛家只有在如来藏学下才可以讲体用观念,《大乘起信论》即是典例。但牟进一步强调,《起信论》本一真心开真如与生灭两门,此两开涉及不同的体用义,须作简别。真心受无明所染而为阿赖耶识,所谓不变随缘,则生灭门的生因是无明而非真心,虽则生灭门仍是凭依于真心,犹如(无明)风吹水波而水波仍是本于池水。由是,牟以为真心是间接地统生灭门,于此间接或凭依关系上讲体用并非真正的体用。耿文指出牟的解读是延续法藏的注释方向,即分别"自性动"与"随他动"来解决无为法如何活动的难题,但认为只要牟不否认生灭门(缘起现象)是真心的变形,则就不能否认真心与生灭现象是存在着真正的体用关系。大抵牟不会否认凭依关系可以讲一种体用,但他心目中真正的体用应是体"能生"用,且体生用必涵一价值(或道德)的创造,此正是耿文在追究牟如何解说真心的真实作用时所迫问出来的答案。真心是直接统真如门,所以牟一方面说真正的体用在三身处,即法身是体、应身和报身是用,但另一方面又说应身、报身之用仍只是依识而见的幻相,即应身、报身只是法身的随他动而非自性动。耿文的结论是牟之所以有此不一致处,乃是因他不愿承认佛家的法身与应、报身可以有儒家道德本心本性生起道德意念和行动的体用关系。沿此,耿文更检讨了牟对儒佛差异、朱子的批判与超越心的逻辑,并提出多项质疑。

主题的压轴是圣凯的文章。面对学界对隋唐佛教是否存在宗派的争论,作者持肯定立场,却建议在佛教"三学"(即戒、定、慧)的视野下来重新审视。根据三学具足的原则,可以揭示宗派必须具备真理(慧)、神圣(定)与生活(戒)三大维度,且真理维度中的核心观念是判教与缘起,神圣维度中的核心观念是禅观与祖统,生活维度中的核心则是僧制清规。依照这原则和维度,文章认为隋唐佛教宗派可大分为:具备真理和神圣维度的"观念型宗派",如三论宗、华严宗、唯识宗、密宗、净土宗,与体现三学具足的完整形态的"制度型宗派",如地论宗、三阶教、天台、禅宗、律宗。尤有进者,作者更用心于隋唐佛教宗派研究的方法与意义。要运用三学具足的视野,便不能只取观念史而必须兼及社会史的研究。同时,引入(比较)文明史的角度,将可见隋唐宗派的形成是基于对印度佛教的继承、阐释与创新,此中涵蕴"差异—同一"的文明交流。并且相比起大乘佛教在印度的边缘地位,中国大乘佛教则居中心位置,这又呈现出"边缘—中心"的文明互鉴意义。

本辑的专题文章,其实亦与本辑主题间接呼应。文章作者赖锡三从《齐物论》"梦饮酒者,且而哭泣"一段入手,疏解庄子大觉与大梦的吊诡关系,更重要的是,将之置放在主体模式下来思考。赖文认为吊诡关系背后的主体不是常住不化的大觉,而是能让不同流动视角可以共在与交流的界面(《人间世》"且夫乘物以游心")。再将此主体关连于《大宗师》的"撄宁",且视撄宁为观心工夫,作者乃铸"撄宁法门"名之。如是,撄宁法门是安命于变化的"即妄"观心法门(类乎天台宗之观妄心),非超脱于变化的"离妄"观心法门(类乎天台宗山外受华严宗影响之观真心)。依这样的阅读,赖文进而考察牟宗三对《齐物论》的疏解,并批评牟所把握的吊诡主体乃是离妄的大觉,非可谓善会庄学。

最后,新叶林有白自强研究庄子的人性论。白文先顺已有研究承认庄子没有伦理式的人性(即人性是善是恶的判定),却认为庄子仍然有对人性作整体把握。其探究进路是从疏理《庄子》中"性"字的含义下手,再论证庄子是以"常心"定义人性、以"道"为人性论域及以

"德"来整体把握人性。但正如作者指出,庄子反对儒家以仁义美德定义人性,是因这是对人性的限定、束缚与伤害,那么庄子自己对人性做整全界定,又如何免于此弊?

2022 年 12 月 7 日

《中国哲学与文化》稿约

1. 《中国哲学与文化》为一双语专业学术出版物,主要发表有关中国哲学及相关主题的高水准学术论文,并设"观潮屿""学贤榜""学思录""新叶林""回音谷"等专栏。欢迎个人投稿以及专家介绍的优秀稿件。

2. 来稿以中(简、繁体)、英文撰写皆可。论文以 10 000 至 25 000 字为合,特约稿件例外。

3. 除经编辑部特别同意外,不接受任何已发表的稿件,不接受一稿两投。所有来稿或样书,恕不奉退。

4. 论文请附:中英文篇名、250 字以内之中英文提要、中英文关键词 5 至 7 个、作者中英文姓名、职衔、服务单位、电邮地址、通讯地址、电话及传真号码(简评无须提要和关键词)。

5. 来稿请寄:
   香港　新界　沙田
   香港中文大学哲学系
   冯景禧楼 G26B 室
   中国哲学与文化研究中心
   rccpc@ cuhk.edu.hk

6. 本刊已许可中国知网及万方数据库以数字化方式复制、汇编、发行、信息网络传播本刊全文。所有署名作者向本刊提交文章发表之行为视为同意上述声明。如有异议,请在投稿时说明,本刊将按作者说明处理。

7. 投稿详情,请浏览本中心之网页(http://phil.arts.cuhk.edu.hk/rccpc/html_b5/05.htm)。

图书在版编目（CIP）数据

中国哲学与文化. 第二十一辑, 佛学与中国哲学之交涉 / 郑宗义主编. —上海：上海古籍出版社，2023.12
ISBN 978-7-5732-1018-0

Ⅰ.①中…　Ⅱ.①郑…　Ⅲ.①文化哲学—研究—中国
②佛教—关系—哲学—研究—中国　Ⅳ.①G02②B948
③B2

中国国家版本馆 CIP 数据核字（2024）第 008732 号

中国哲学与文化（第二十一辑）

佛学与中国哲学之交涉

郑宗义　主编

上海古籍出版社出版发行

（上海市闵行区号景路 159 弄 1－5 号 A 座 5F　邮政编码 201101）

（1）网址：www.guji.com.cn

（2）E-mail：guji1@guji.com.cn

（3）易文网网址：www.ewen.co

上海商务联西印刷有限公司印刷

开本 635×965　1/16　印张 11.5　插页 2　字数 165,000
2023 年 12 月第 1 版　2023 年 12 月第 1 次印刷
ISBN 978-7-5732-1018-0

B·1372　定价：65.00 元

如有质量问题，请与承印公司联系